Grundwissen Sachenrecht I

- Mobiliarsachenrecht -

Hemmer/Wüst/d'Alquen

November 2012

Hemmer/Wüst Verlagsgesellschaft

Hemmer/Wüst/d'Alquen, Grundwissen Sachenrecht I
Mobiliarsachenrecht

ISBN 978-3-86193-184-3

5. Auflage, November 2012

gedruckt auf chlorfrei gebleichtem Papier
von Schleunungdruck GmbH, Marktheidenfeld

Inhaltsverzeichnis:

Die Zahlen beziehen sich auf die Seiten des Skripts.

Vorwort

Das vorliegende Skript ist für Studenten in den ersten Semestern gedacht. Gerade in dieser Phase ist es sinnvoll, bei der Wahl der Lernmaterialien den richtigen Weg einzuschlagen. Auch in den späteren Semestern sollte man in den grundsätzlichen Problemfeldern sicher sein. Die „essentials" sollte jeder kennen.

In diesem Theorieband wird Ihnen das notwendige Grundwissen vermittelt. Vor der Anwendung steht das Verstehen. Leicht verständlich und kurz werden die wichtigsten Rechtsinstitute vorgestellt und erklärt. So erhält man den notwendigen Überblick. Klausurtipps, Formulierungshilfen und methodische Anleitungen helfen Ihnen dabei, das erworbene Wissen in die Praxis umzusetzen.

Das Skript wird durch den jeweiligen Band unserer Reihe „die wichtigsten Fälle" ergänzt. So wird die Falllösung trainiert. Häufig sind Vorlesungen und Bücher zu abstrakt. Das Wissen wird häufig isoliert und ohne Zusammenhang vermittelt. Die Anwendung wird nicht erlernt. Nur ein Lernen am konkreten Fall führt sicher zum Erfolg. Daher empfehlen wir parallel zu diesem Skript gleich eine Einübung des Gelernten anhand der Fallsammlung. Auf diese Fälle wird jeweils verwiesen. So ergänzen sich deduktives (Theorieband) und induktives Lernen (Fallsammlung). Das Skript Grundwissen und die entsprechende Fallsammlung bilden so ein ideales Lernsystem und damit eine Einheit.

Profitieren Sie von der über 35-jährigen Erfahrung des Juristischen Repetitoriums hemmer im Umgang mit juristischen Prüfungen. Unser Beruf ist es, alle klausurrelevanten Inhalte zusammen zu tragen und verständlich aufzubereiten. Die typischen Prüfungsinhalte wiederholen sich. Wir vermitteln Ihnen das, worauf es in der Prüfung ankommt – verständlich – knapp – präzise. Erfahrene Repetitoren schreiben für Sie die Skripten. Das know-how der Repetitoren hinsichtlich Inhalt, Aufbereitung und Vermittlung von juristischem Wissen fließt in sämtliche Skripten des Verlages ein. Lernen Sie mit den Profis!

Sie werden feststellen: Jura von Anfang an richtig gelernt, reduziert den Arbeitsaufwand und macht damit letztlich mehr Spaß.

Wir hoffen, Ihnen den Einstieg in das juristische Denken mit dem vorliegenden Skript zu erleichtern und würden uns freuen, Sie auf Ihrem Weg zu Ihrem Staatsexamen auch weiterhin begleiten zu dürfen.

Karl-Edmund Hemmer & Achim Wüst

§ 1 Einleitung

A. Systematische Einordnung des Sachenrechts

System des BGB

1 Das BGB ist in fünf Bücher aufgeteilt: Allgemeiner Teil, Schuldrecht, Sachenrecht, Familienrecht und Erbrecht.

Der Allgemeine Teil enthält Normen, die, wie der Name schon sagt, für alle anderen Bücher ebenfalls gelten. Mathematisch gesprochen sind die Normen dieses Teils quasi vor die Klammer gezogen worden.

Es gibt aber in den anderen Büchern Spezialregelungen, die der jeweiligen Materie besser gerecht werden. Dann müssen die Regeln des Allgemeinen Teils hinter diesen zurückstehen. Damit haben Sie bereits einen wichtigen Grundsatz kennen gelernt:

„lex-specialis-Grundsatz“

Die speziellere Norm verdrängt die allgemeinere, lex specialis derogat legi generali.

Dieses System gilt aber nicht nur für das BGB als Ganzes, sondern auch für jedes einzelne Buch.

Das dritte Buch des BGB, das Sachenrecht, ist in den §§ 854 bis 1296 BGB geregelt.

Def. „Sachenrecht“

Das Sachenrecht ist die Gesamtheit der Regelungen von dinglichen Rechtsverhältnissen, die vor allem die Beziehung von Personen zu Sachen zum Gegenstand haben.

Die allgemeinen Vorschriften des Schuldrechts, §§ 241 bis 432 BGB, sind grundsätzlich nicht anwendbar, denn dingliche Rechtsgeschäfte enthalten kein verpflichtendes Element.

Anwendbar sind allerdings die §§ 305 ff. BGB.

Das vorliegende Skript beschäftigt sich mit den Rechten an beweglichen Sachen, dem Mobiliarsachenrecht, dem sog. Fahrnisrecht.

Merken Sie sich aber, dass Sie diese Problemstellungen ohne weiteres auch auf Fälle aus dem Immobiliarsachenrecht übertragen können.

Zur Anwendung des anhand dieses Skriptes erworbenen Wissens in Fällen sei auf die Fallbuchreihe „Die 50 wichtigsten Fälle für Anfangssemester" aus dem Hemmer/Wüst Verlag verwiesen, insbesondere auf die Skripten Sachenrecht I und Sachenrecht II.

Klausurtipp

Hier noch ein paar Anmerkungen zum Umgang mit dem Skript:
1. Sofern Normen zitiert werden, sollten Sie diese lesen.
2. Soweit in Ihrem Bundesland erlaubt, sollten Sie sich die im Folgenden behandelten Tatbestandsmerkmale und Rechtsfolgen im Gesetz z.B. durch Unterstreichen kenntlich machen. Belasten Sie Ihren Kopf nicht unnötig mit sturem Auswendiglernen. Der Gesetzeswortlaut ist immer Ausgangspunkt für das juristische Arbeiten. In einer Prüfung ist das Gesetz das einzige Hilfsmittel, auf das Sie zurückgreifen können (und auch sollten). Nutzen Sie es!

B. Grundbegriffe des Sachenrechts

I. Sache

Sachbegriff in § 90 BGB Sachen = körperliche Gegenstände

Eine **Sache** ist ein **körperlicher Gegenstand**, **§ 90 BGB**. Gegenstand ist alles, was Objekt von Rechten sein kann. Körperliche Gegenstände müssen im Raum **abgrenzbar** sein, entweder durch eigene körperliche Begrenzung, durch Fassung in einem Behältnis oder sonstige künstliche Mittel wie Grenzsteine oder Einzeichnungen in Karten. 2

Daher sind Allgemeingüter wie freie Luft und fließendes Wasser keine Sachen i.S.d. § 90 BGB.

Keine Sachen sind außerdem das Licht, die elektrische Energie, Computerdaten und Computerprogramme, wohl aber deren Verkörperung in einem Datenträger. Es fehlt an dem Tatbestandsmerkmal Körperlichkeit.

Gemäß § 90a S. 1 BGB sind Tiere keine Sachen i.S.d. § 90 BGB, aber diesen nach § 90a S. 3 BGB gleichstellt.

Bewegliche Sache

Eine **bewegliche Sache** meint **beweglich im Rechtssinne**. Beweglich ist jede Sache, die nicht Grundstück, den Grundstücken gleichgestellt oder Grundstücksbestandteil (§§ 93-96 BGB) ist. 3

Unbewegliche Sache

Unbewegliche Sachen sind daher Grundstücke oder Grundstücksbestandteile i.S.d. §§ 93-96 BGB. 4

Bspe. für wesentliche Bestandteile eines Grundstücks sind Gebäude (§ 94 I S. 1 BGB) oder Pflanzen (§ 94 I S. 2 BGB).

Merke:

Aus diesem Grund kann ein Gebäude nicht unabhängig vom Grundstück übertragen werden. Das Gebäude ist nicht sonderrechtsfähig.

Was wesentliche Bestandteile einer beweglichen Sache sind, richtet sich nach § 93 BGB. 4a

Demnach kommt es darauf an, ob der Bestandteil nicht von der Sache getrennt werden kann, ohne dass der eine oder der andere zerstört oder in seinem Wesen verändert wird. Wesentliche Bestandteile sind nicht sonderrechtsfähig, d.h. an ihnen können keine eigenen Rechte bestehen.

Bsp.: *Keine wesentlichen Bestandteile einer Sache (Legaldefinition in § 93 BGB) sind Motor oder Reifen des Autos, da diese austauschbar sind, ohne dass weder die eine (Auto) noch die andere Sache (Motor) beschädigt wird oder die jeweiligen Sachen ihre Selbständigkeit verlieren. Dass der Motor fürs Fahren wesentlich ist, spielt keine Rolle (häufiger Fehler!). Dagegen ist die Karosserie wesentlicher Bestandteil.*

II. Dingliches Recht

Begriff „dingliches Recht“

Ein dingliches Recht ist ein gegenüber jedermann wirkendes Herrschaftsrecht (absolutes Recht), das sich auf eine Sache bezieht. Dabei unterscheidet man das Vollrecht (Eigentum) und beschränkt dingliche Rechte, die sich in Verwertungs- (z.B. Pfand- und Grundpfandrechte), Nutzungs- (z.B. Nießbrauch, Dienstbarkeiten) und Aneignungsrechte (z.B. Erwerbsrechte) untergliedern lassen. Der dinglich Berechtigte kann beeinträchtigende Einwirkungen Dritter ausschließen, vgl. §§ 1027, 1065, 1090 II BGB i.V.m. § 1004 BGB. 5

III. Possessorische Rechte

Possessorische Rechte = an Besitz anknüpfend

Possessorische Rechte sind Rechte, die unmittelbar an den Besitz anknüpfen. Sie werden allein aus dem Besitz abgeleitet, unabhängig von einem Recht zum Besitz (Rn. 76 ff.). 6

IV. Petitorische Rechte

Petitorische Rechte

Petitorische Rechte dagegen werden aus dem Eigentum abgeleitet. Sie knüpfen an ein nach der dinglichen Rechtslage bestehendes Recht zum Besitz an (Rn. 92 ff.). 7

V. Eigentum

Legaldefinition des Eigentums in § 903 BGB

Eigentum ist das dingliche Recht, mit einer Sache nach Belieben zu verfahren und andere von jeder Einwirkung auszuschließen, **§ 903 BGB**. Das Privateigentum als Rechtsinstitut ist durch Art. 14 I S. 1 GG verfassungsrechtlich gewährleistet (Institutsgarantie). 8

Eigentum – beschränkte dingl. Rechte

Das Eigentum ist das **umfassendste dingliche Herrschaftsrecht** an körperlichen Gegenständen. Es umfasst **sowohl** die **Nutzung als auch** die **Verwertung** der Sache.

Alle anderen dinglichen Rechte sind daher nur Abspaltungen („Splitter") des Eigentumsrechts, da sie nur ein Teilrecht des umfassenden Eigentumsrechts gewähren.

Deswegen werden sie unter dem Begriff beschränkte dingliche Rechte zusammengefasst.

Eigentum kann sowohl an beweglichen als auch an unbeweglichen Sachen bestehen.

VI. Pfandrechte

Pfandrecht = Verwertungsrecht

Pfandrechte geben dem Pfandgläubiger ein dingliches **Verwertungsrecht** an einer Sache. Pfandrechte gewähren dagegen kein Nutzungsrecht. 9

Pfandrechte gibt es nicht nur an beweglichen, sondern auch an unbeweglichen Sachen.

> **Bsp.:** *Faustpfandrecht (bedeutet vertraglich bestelltes Pfandrecht) an beweglichen Sachen, §§ 1204 ff. BGB, Hypothek als Grundpfandrecht an Grundstücken, §§ 1113 ff. BGB.*

VII. Besitz

Besitz = anerkannte tatsächliche Sachherrschaft

Besitz ist die tatsächliche Herrschaft einer Person über eine Sache, also kein Rechts-, sondern ein **tatsächliches Verhältnis**, das von einem natürlichen Besitzwillen getragen wird, § 854 I BGB. 10

VIII. Verpflichtungs- und Verfügungsgeschäft

Def. Verpflichtungsgeschäft

Verpflichtungsgeschäft (auch Kausalgeschäft oder causa) ist das schuldrechtliche Grundgeschäft, welches Rechtsgrund für die Erfüllung ist. 11

Durch das Verpflichtungsgeschäft, das in der Regel ein Vertrag ist, aber auch ein einseitiges Rechtsgeschäft sein kann (z.B. Auslobung, §§ 657 ff. BGB), entsteht ein Schuldverhältnis.

> ***Beispiele für Verpflichtungsgeschäfte:*** *Kauf, Schenkung*

Def. Verfügung

Verfügung (auch Erfüllungsgeschäft oder Verfügungsgeschäft) ist ein Rechtsgeschäft, das unmittelbar darauf gerichtet ist, ein bestehendes Recht unmittelbar zu ändern im Sinne einer Aufhebung, Übertragung, Belastung oder sonstigen inhaltlichen Änderung.

> ***Beispiele für eine Verfügung:*** *Eigentumsübertragung nach § 929 S. 1 BGB oder §§ 873, 925 BGB, Bestellung eines Pfandrechts z.B. nach den §§ 1204 ff. BGB, Übertragung einer Forderung nach § 398 S. 1 BGB (die Rechtsinhaberschaft an der Forderung wird übertragen).*

hemmer-Methode: Beachten Sie: Meistens wird der Begriff der Verfügung nur sachenrechtlich verstanden. Das ist aber zu kurz gegriffen. Es gibt auch im Schuldrecht Verfügungen, wie z.B. Erlass, Aufrechnung oder Abtretung. Auch diese Verfügungen sind wie die Eigentumsübertragung abstrakt vom zugrundeliegenden Rechtsgeschäft.

C. Prinzipien des Sachenrechts

I. Abstraktionsprinzip

Abstraktionsprinzip

Das Abstraktionsprinzip besagt, dass Verpflichtungs- und Verfügungsgeschäft grundsätzlich in ihrer Wirksamkeit unabhängig voneinander sind. Das bedeutet, dass das Erfüllungsgeschäft trotz eines Mangels des Verpflichtungsgeschäftes wirksam sein kann. Dann ist gegebenenfalls an eine Rückabwicklung nach den §§ 812 ff. BGB zu denken. 12

hemmer-Methode: „Abstrakt" kommt vom lateinischen „abstrahere" und bedeutet loslösen, „abstractus" heißt also losgelöst.

Aus der Existenz des § 812 I S. 1 BGB können Sie auf das Abstraktionsprinzip schließen. Denn § 812 I S. 1 BGB verlangt als Tatbestandsvoraussetzung für die Rückabwicklung die Voraussetzung „ohne rechtlichen Grund“. Eben dieser Rechtsgrund ist das Grundgeschäft, die causa. Würden sich causa und Verfügung gegenseitig bedingen, bedürfte es dieser Rückabwicklung nicht. Dann wäre fehlender Rechtsgrund gleichbedeutend mit fehlgeschlagener Verfügung.

II. Trennungsprinzip

Trennungsprinzip

Nach dem Trennungsprinzip sind Verpflichtungs- und Verfügungsgeschäft in ihrem Bestand streng voneinander zu trennen. 13

Das Verpflichtungsgeschäft begründet nur die Verpflichtung zu einer Verfügung. Zur Erfüllung dieser Verpflichtung bedarf es eines gesonderten Vollzugsgeschäfts, dem Erfüllungsgeschäft (Verfügung).

Bsp.: *Bei einem Kaufvertrag über ein Mountainbike mit anschließender Erfüllung liegen vor:*

1. Kaufvertrag als Verpflichtungsgeschäft sowohl für die Übertragung des Eigentums am Mountainbike als auch für die Zahlung des Kaufpreises.

Also bedarf es für die Erfüllung dieses Vertrages zweier Verfügungsgeschäfte!

2. Die Übertragung des Eigentums am Mountainbike (dingliche Einigung und Übergabe nach § 929 S. 1 BGB).

3. Die Übertragung des Eigentums am Geld von Käufer (Erwerber des Fahrrads) an Verkäufer (Veräußerer des Fahrrads) nach § 929 S. 1 BGB.

Es sind also drei Verträge zustande gekommen.

hemmer-Methode: Diese drei Verträge sind in Bestand und Wirksamkeit (Trennungs- und Abstraktionsprinzip!) voneinander unabhängig. Dies gilt unabhängig davon, dass Otto Normalverbraucher und Lieschen Müller diese Verträge einheitlich handhaben und beurteilen. Auch wenn alles uno actu zusammenfällt, wird dies in der Rechtspraxis – und damit insbesondere in Ihrer Klausur – unabhängig und getrennt voneinander beurteilt.

III. Absolutheit

Absolutheitsgrundsatz

Absolute Rechte wirken gegenüber jedermann. Es handelt sich um ausschließliche Herrschaftsrechte einer Person an einem Gegenstand. 14

Das schuldrechtliche Gegenstück dazu ist die Relativität der Schuldverhältnisse, d.h. das Wirken nur gegenüber dem Vertragspartner.

IV. Publizität

Publizitätsgrundsatz oder Offenkundigkeitsgrundsatz

Publizität ist das Bestreben des Sachenrechts, die sachenrechtliche Zugehörigkeit erkennbar zu machen. Bei beweglichen Sachen wird diese Zugehörigkeit durch den Besitz indiziert, § 1006 BGB, bei unbeweglichen Sachen durch die Grundbucheintragung, § 891 BGB. 15

V. Bestimmtheit

Bestimmtheitsgrundsatz

Nach dem Bestimmtheits- oder Spezialitätsprinzip sind dingliche Rechte immer nur an einzelnen Sachen möglich. Verfügungen können demnach immer nur bezogen auf eine bestimmte einzelne Sache erfolgen. Nicht möglich sind daher Verfügungen über Sach- und Rechtsgesamtheiten wie das Vermögen einer Person, Teile eines Warenlagers oder ein Unternehmen als Ganzes. Dies soll der Rechtsklarheit dienen. 16

Keine Bestimmtheit für Verpflichtung nötig

Beachten Sie, dass dies nur für das Verfügungsgeschäft und nicht für das Verpflichtungsgeschäft gilt. Bei der Abtretung (Verfügung!) einer zukünftigen Forderung (sog. Vorausabtretung), d.h. einer Forderung, die im Zeitpunkt der Abtretung (= Übertragung) noch nicht entstanden ist, wird eine Ausnahme vom Bestimmtheitsgrundsatz zugelassen.

Danach soll im Zeitpunkt der Einigung nach § 398 BGB die Bestimm**barkeit** der zukünftigen Forderung ausreichen. Bestimmbarkeit bedeutet dabei, dass die Bestimmtheit erst im Zeitpunkt der Entstehung der Forderung vorliegen muss und nicht schon im Zeitpunkt der Abtretung.

Für die sachenrechtliche Bestimmtheit genügt, dass ein objektiver Beobachter allein durch die Kenntnis der Kriterien der Vereinbarung beurteilen kann, wann was übertragen wird. Drei klassische Kriterien, die dieses Gebot erfüllen, sind: 1. Markierung 2. Aufnahme in eine Liste 3. Raumsicherungsklausel (z.B. „Alle Gegenstände in Raum A").

Bsp.: Die Problematik der ausreichenden Bestimmtheit stellt sich häufig im Rahmen der Sicherungsübereignung. Wenn es um Warenbestände geht, müssen notfalls sog. Markierungsverträge geschlossen werden bzw. Raumsicherungsverträge. Stets erforderlich ist, dass ein objektiver Beobachter und Kenner der Vereinbarung erkennen kann, auf welche Sache(n) sich die Übereignung beziehen soll.

VI. Typenzwang oder Numerus clausus

Typenzwang

Typenzwang oder Numerus clausus bedeutet, dass die im Gesetz beschriebenen Sachenrechte abschließend sind und sachenrechtliche Rechtsänderungen nur in den dafür vorgesehenen Formen erfolgen dürfen. 17

Das schuldrechtliche Gegenstück dazu ist die Vertragsfreiheit als Ausprägung der Vertragsautonomie.

§ 2 Der Besitz

Besitz = anerkannte, tatsächliche Sachherrschaft

Im folgenden Kapitel sollen Ihnen die grundlegenden Funktionen des Besitzes und die Bedeutung des Besitzes und vor allem des Besitzschutzes in der Klausur nahe gebracht werden. Zur Definition des Besitzbegriffs siehe Rn. 8. 18

hemmer-Methode: Denken Sie unbedingt daran, dass die Ausführungen zum Thema Besitz sowohl für das Recht der beweglichen als auch für das Recht der unbeweglichen Sachen gelten.

A. Arten des Besitzes

Verschied. Besitzarten

Es gilt, verschiedene Arten des Besitzes zu unterscheiden: 19

I. Unmittelbarer Besitz

Intensität des Besitzes

Unmittelbarer und mittelbarer Besitz werden nach der Intensität der Sachbeziehung unterschieden. 20

Unmittelbarer Besitzer

Unmittelbarer Besitzer ist, wer die tatsächliche Sachherrschaft unmittelbar selbst ausübt, § 854 I BGB. 21

Ausreichend hierfür ist die Ausübung der Sachherrschaft durch einen **Besitzdiener** nach § 855 BGB.

Der Besitzdiener übt nach § 855 BGB die tatsächliche Gewalt für einen anderen, den sog. Besitzherrn, aus. Alleiniger Besitzer ist in diesem Fall der Besitzherr. Der Besitzdiener ist nur Gewahrsamsinhaber.

Unterscheiden sie die Begriffe Besitz und Gewahrsam. Letzteres bedeutet regelmäßig die unmittelbare tatsächliche Sachherrschaft, während Besitz auch dann vorliegen kann, wenn - wie im Fall der Besitzdienerschaft (§ 855 BGB) - die tatsächliche Gewalt fehlt.

Besitzdiener, § 855 BGB

Voraussetzungen für das Vorliegen eines Besitzdieners sind nach § 855 BGB: 22

- ⇨ Weisungsgebundenheit des Besitzdieners zum Besitzherrn (i.d.R. durch soziales Abhängigkeitsverhältnis)
- ⇨ Ausübung der tatsächlichen Gewalt nach dem Willen des Besitzherrn
- ⇨ Erkennbarkeit der Ausübung der tatsächlichen Gewalt für den Besitzherren

Klausurtipp

hemmer-Methode: Sofern zulässig, unterstreichen Sie sich die Tatbestandsmerkmale in § 855 BGB.

Bsp.: *Die Kassiererin in einem Kino findet beim Saubermachen einen wertvollen Brillantring und zeigt diesen ihrem Arbeitgeber, der sie beauftragt, den Ring zu verwahren.*

Obwohl die Kassiererin hier den Gewahrsam ausübt, ist sie dennoch nicht Besitzerin. Denn sie ist weisungsgebunden (durch das arbeitsrechtliche Direktionsrecht nach § 106 GewO) und übt die tatsächliche Sachherrschaft nur für ihren Arbeitgeber aus. Das macht sie auch durch das Vorzeigen des gefundenen Rings nach außen kenntlich.

II. Mittelbarer Besitz

Der mittelbare Besitz ist in § 868 BGB legaldefiniert:

Mittelbarer Besitz, § 868 BGB

Mittelbarer Besitzer ist danach, wer die tatsächliche Sachherrschaft nicht selbst ausübt, sondern den Besitz durch einen unmittelbaren Besitzer auf Grund eines zeitlich begrenzten Rechtsverhältnisses vermittelt bekommt.

Dieses den Besitz vermittelnde Rechtsverhältnis nennt man Besitzmittlungsverhältnis. 23

Voraussetzungen

Voraussetzungen des mittelbaren Besitzes nach § 868 BGB sind: 24

- ⇨ Es muss sich um ein vertragliches Besitzmittlungsverhältnis handeln, das den in § 868 BGB genannten wie beispielsweise Miete, Nießbrauch, Pacht usw. ähnlich ist – nicht notwendig ist die Wirksamkeit des Vertragsverhältnisses.
- ⇨ Der unmittelbare Besitzer muss als Fremdbesitzer die Sache besitzen, er muss den mittelbaren Besitzer auf Grund dieses Besitzmittlungsverhältnisses als „Oberbesitzer" anerkennen („Der mittelbare Besitzer ist der Gnade des unmittelbaren Besitzers ausgeliefert.").
- ⇨ Dieses vertragliche Verhältnis muss den Besitzmittler (= unmittelbarer Besitzer) zum Besitz auf eine bestimmte Zeit berechtigten.
- ⇨ Außerdem muss dem Besitzherrn ein zumindest potentieller Herausgabeanspruch zustehen.

hemmer-Methode: Wiederum sollten Sie sich – soweit zulässig – die Tatbestandsmerkmale im Gesetz hervorheben.

Als eine Art vergeistigter Besitz stellt der mittelbare Besitz eine schwache Besitzposition dar, da der mittelbare Besitzer stets der Gunst des unmittelbaren Besitzers ausgeliefert ist.

> ***Bsp.:*** *Der Mieter einer Sache ist unmittelbarer Besitzer, der Vermieter mittelbarer Besitzer. Besitzmittlungsverhältnis ist der Mietvertrag.*

Hört dieser auf, die Sache als Fremdbesitzer für den mittelbaren Besitzer zu besitzen, so endet auch der mittelbare Besitz.

Gemäß § 871 BGB ist auch ein mehrstufiges Besitzmittlungsverhältnis möglich. D.h. eine Kette von Besitzmittlungsverhältnissen ist denkbar. Voraussetzung ist aber stets, dass der in der Kette Voranstehende den Nachfolgenden als Oberbesitzer akzeptiert.

> ***Bsp.:*** *Bringt B eine von A unter Eigentumsvorbehalt erworbene Sache zur Reparatur zu C, so gilt Folgendes: C ist unmittelbarer Besitzer und mittelt aufgrund des Werkvertrages dem B den Besitz, B wiederum mittelt aufgrund des Eigentumsvorbehalts dem A den Besitz. B ist mittelbarer Besitzer 1. Stufe, A mittelbarer Besitzer 2. Stufe.*

Nach richtiger Ansicht ist aber ein mittelbarer Nebenbesitz, d.h. ein unmittelbarer Besitzer mittelt gleichzeitig mehreren Oberbesitzern den Besitz, abzulehnen.

> ***Bsp.:*** *Veräußert B die unter EV gekaufte Sache dem C gem. §§ 929, 930 BGB, kann er nicht sowohl dem A als auch dem C den Besitz mitteln. Der Besitzmittlungswille ist nach richtiger Ansicht nicht teilbar, in Richtung des A gibt er diesen auf und mittelt jetzt nur noch dem C.*

III. Allein-, Mit- und Teilbesitz

Umfang der Berechtigung zum Besitz

Nach dem Umfang der Berechtigung unterscheiden sich Allein-, Teil- und Mitbesitz. **25**

Während der Alleinbesitzer die Sachherrschaft allein ausübt, üben Mitbesitzer nach § 866 BGB den Besitz gemeinsam und Teilbesitzer nach § 865 BGB den Besitz über einen realen Teil der Sache aus (z.B. Wohnung).

IV. Fremd- und Eigenbesitz

Willensrichtung des Besitzers

Nach der Willensrichtung des Besitzers lassen sich Eigen- und Fremdbesitz unterscheiden. 26

Eigenbesitz, § 872 BGB

Der **Eigenbesitzer** besitzt die Sache für sich selbst, § 872 BGB. Er besitzt die Sache als ihm gehörend. Er erkennt keinen anderen Besitzer als seinen Oberbesitzer an.

Deswegen scheidet bei Eigenbesitz des unmittelbaren Besitzers ein mittelbarer Besitz aus.

Fremdbesitz: Anerkennung fremden Eigentums

Der **Fremdbesitzer** dagegen besitzt für einen anderen. Er erkennt einen anderen als Eigentümer und damit als „Oberbesitzer" an.

> ***Bsp.:*** *Der Mieter ist unmittelbarer Fremdbesitzer, da er die Mietsache für den Vermieter besitzt. Der Vermieter ist mittelbarer Eigenbesitzer.*

V. Rechtmäßiger und unrechtmäßiger Besitz

Besitzberechtigung

Nach der Berechtigung des Besitzers lassen sich rechtmäßige und unrechtmäßige Besitzer unterscheiden. 27

Bedeutung hat diese Unterscheidung v.a. im Rahmen des Eigentümer-Besitzer-Verhältnisses.

Recht zum Besitz maßgebl., § 986 BGB

Rechtmäßiger Besitzer ist, wer ein Recht zum Besitz i.S.d. § 986 BGB innehat.

Unrechtmäßiger Besitzer ist dagegen, wer ein solches Recht nicht innehat.

VI. Fehlerhafter und nichtfehlerhafter Besitz

Fehlerhafter Besitz

Nach der Art der Besitzerlangung unterscheidet sich der fehlerhafte von dem nichtfehlerhaften Besitz. 28

Verbotene Eigenmacht, § 858 BGB

Wird der Besitz durch verbotene Eigenmacht nach § 858 I, II S. 1 BGB erlangt, so ist er fehlerhaft.

Die Fehlerhaftigkeit des Besitzes muss auch der Erbe gegen sich gelten lassen, § 858 II S. 2 (1. Alt.) BGB. Gleiches gilt für einen anderen Rechtsnachfolger, wenn er Kenntnis von der Fehlerhaftigkeit des Besitzes hat, § 858 II S. 2 (2. Alt.) BGB.

VII. Sonderformen des Besitzes

Sonderformen des Besitzes

Nur kurz sollen in diesem Skript, das sich in erster Linie an Anfangssemester richtet, die Sonderformen des Besitzes dargestellt werden. 29

Diese besitzen durchaus Examensrelevanz, müssen aber in den ersten Semestern noch nicht beherrscht werden und tragen auch nicht zum grundlegenden Verständnis bei.

1. Erbenbesitz

Erbe, §§ 1922, 857 BGB

Nach § 1922 BGB tritt der Erbe vollständig in die Rechtsstellung des Erblassers ein (sog. Universalsukzession). Ergänzt wird § 1922 BGB, der nur Rechte, nicht aber den Besitz umfasst, durch § 857 BGB. 30

Hiernach wird der Erbe unabhängig von seiner Kenntnis und einem Besitzbegründungswillen mit dem Erbfall Inhaber der Besitzposition, die der Erblasser innehatte (Besitz wird fingiert).

2. Organbesitz

Organbesitz

Vereine und juristische Personen wie z.B. eine GmbH oder eine AG können selbst nicht handeln. Sie nehmen am Rechtsverkehr durch ihre Organe teil. 31

Auch den Besitz üben sie durch ihre Organe aus, sog. Organbesitz. D.h. der dahinterstehende Rechtsträger selbst erwirbt Besitz, ausgeübt durch seine Organe.

Wollen die Organe nicht Besitz für die juristische Person, sondern für sich selbst erwerben, so müssen sie dies nach außen ausreichend kenntlich machen.

> **Bsp.:** *Fährt also der Geschäftsführer einer GmbH (§ 35 GmbHG) dienstlich mit einem Mercedes des Firmenfuhrparks, besitzt er den Wagen nicht selbst. Als Organ der GmbH übt er vielmehr den Besitz für diese aus, nur die GmbH ist Besitzerin des Mercedes.*

hemmer-Methode: Ähnliches gilt für die Personengesellschaften (BGB-Außengesellschaft, OHG, KG). Besitzer ist die Personengesellschaft und die von den geschäftsführenden Gesellschaftern ausgeübte Sachherrschaft wird ihr als eigene zugerechnet.

B. Erwerb des Besitzes

Besitzerwerb

Bezüglich des Erwerbs des Besitzes ist zu differenzieren zwischen dem unmittelbaren und dem mittelbaren Besitz. 32

I. Unmittelbarer Besitz

§ 854 I BGB: Erlangung der unmittelbaren Sachherrschaft

In aller Regel wird der unmittelbare Besitz nach **§ 854 I BGB** durch die Erlangung der unmittelbaren Sachherrschaft erworben. 33

§ 854 I BGB erfasst sowohl den originären (ursprünglichen) wie auch den derivativen (abgeleiteten) Besitzerwerb.

Voraussetzungen

Voraussetzungen für den Besitzerwerb nach § 854 I BGB sind:

⇨ Die Erlangung der tatsächlichen Sachherrschaft und

⇨ ein **natürlicher** (nicht rechtsgeschäftlicher!) **Besitzbegründungswille**

Bzgl. Sachherrschaft ist Verkehrsanschauung maßgeblich

Die Erlangung der tatsächlichen Sachherrschaft wird im Gesetz nicht definiert und richtet sich daher nach der Verkehrsanschauung. 34

Def. tatsächliche Sachherrschaft

Die tatsächliche Sachherrschaft ist die tatsächliche Machtbeziehung einer Person zu einer Sache, die es dem Besitzer ermöglicht, tatsächlich auf die Sache einzuwirken und andere von der Einwirkung auszuschließen. Sie zeichnet sich in aller Regel durch eine räumliche Nähebeziehung von einiger Dauer aus.

hemmer-Methode: In aller Regel können Sie sich, wenn es um die Besitzereigenschaft geht, auf Ihren gesunden Menschenverstand verlassen. Zur Verdeutlichung sollen folgende Beispiele dienen:

Bsp.: *Derjenige, der sein Auto auf einem weit entfernten Parkplatz abstellt, bleibt selbstverständlich Besitzer, ebenso wie der Wohnungseigentümer Besitzer der in seiner Wohnung befindlichen Sachen bleibt, auch wenn er verreist und somit kein enges räumliches Verhältnis besteht.*

Kein Besitzer ist dagegen derjenige, der auf einer Parkbank Platz nimmt, da es an der erforderlichen Dauer zur Begründung von Besitz fehlt.

Beachten Sie: Wer Besitz erwerben will, muss dabei in eine engere Herrschaftsbeziehung zur Sache treten, als danach für die Fortdauer des Besitzes nötig ist.

Natürlicher Besitzbegründungswille

Der Besitzerwerb nach § 854 I BGB stellt einen **tatsächlichen** und nicht einen rechtsgeschäftlichen **Erwerbsvorgang** dar, da auch lediglich ein natürlicher Besitzbegründungswille erforderlich ist. 35

Daher ist die Geschäftsfähigkeit keine Voraussetzung des Besitzerwerbs nach § 854 I BGB und damit von Ihnen auch nicht zu prüfen. Auch ein Minderjähriger kann besitzen.

hemmer-Methode: Einen Spezialfall des Besitzerwerbs stellt § 854 II BGB dar. Hiernach wird der Besitz ausnahmsweise rechtsgeschäftlich übertragen. Fälle des § 854 II BGB sind allerdings – zumal für Erstsemester – wenig klausurrelevant, so dass hier keine Erörterung erfolgen soll.

II. Mittelbarer Besitz

Mittelbarer Besitz, § 868 BGB

Der mittelbare Besitz wird originär durch **Begründung eines Besitzmittlungsverhältnisses** unter den unter Rn. 22 beschriebenen Voraussetzungen erworben. Neuer mittelbarer Besitz entsteht ebenso, **oder** er wird nach **§ 870 BGB durch Abtretung des Herausgabeanspruchs** gemäß § 398 S. 1 BGB übertragen. 36

hemmer-Methode: Die Begründung mittelbaren Besitzes begegnet Ihnen in der Klausur v.a. bei Sicherungsübereignungen gemäß §§ 929, 930 BGB und als antizipiertes Besitzmittlungsverhältnis im Rahmen der §§ 929, 930 BGB, wenn sich Erwerber und Veräußerer auf die Übertragung einer künftig noch zu erwerbenden Sache einigen. Einzelheiten hierzu werden in dem Kapitel über den Eigentumserwerb besprochen.

C. Verlust des Besitzes

Besitzverlust

Auch hinsichtlich des Verlustes des Besitzes ist zwischen dem unmittelbaren und dem mittelbaren Besitz zu differenzieren. 37

I. Unmittelbarer Besitz

§ 856 BGB

Nach **§ 856 BGB** wird der unmittelbare Besitz durch die **freiwillige Besitzaufgabe** oder durch den **Verlust in anderer Weise** (unfreiwilliger Besitzverlust) beendet. 38

Besitzaufgabehandlung und Aufgabewille

Die Besitzaufgabe setzt als actus contrarius (Gegenstück) zur Besitzbegründung eine Aufgabehandlung und einen auf die Aufgabe gerichteten natürlichen Willen voraus.

Nicht nur vorübergehende Verhinderung, § 856 II BGB

Nach § 856 II BGB darf die Aufgabe nicht nur vorübergehender Natur sein, ansonsten liegt kein Besitzverlust i.S.d. § 856 I BGB vor.

Unfreiwilliger Besitzverlust = abhanden kommen i.S.d. § 935 BGB

Liegt ein unfreiwilliger Besitzverlust – wie z.B. durch Diebstahl – vor, so ist die Sache gleichzeitig abhandengekommen i.S.d. § 935 BGB, so dass ein gutgläubiger Eigentumserwerb an der Sache ausscheidet. 39

II. Mittelbarer Besitz

Ende des mittelbaren Besitzes

Der mittelbare Besitz endet im Fall des § 870 BGB mit der Abtretung des Herausgabeanspruchs. 40

Anderenfalls endet er mit der Aufhebung des Besitzmittlungsverhältnisses, dem Erlöschen des zumindest potentiellen Herausgabeanspruchs, oder wenn der Besitzmittler den unmittelbaren Besitz aufgibt oder verliert. Zumeist aber endet der mittelbare Besitz dadurch, dass der Besitzmittler (der unmittelbare Besitzer) seinen Besitzwillen aufgibt und sich zum Eigenbesitzer aufschwingt oder für einen anderen mittelbaren Besitzer als Oberbesitzer besitzt.

D. Funktionen des Besitzes

Funktionen des Besitzes

An den Besitz lassen sich verschiedene Wirkungen und Funktionen anknüpfen, die grundsätzlich unabhängig davon eintreten, ob ein Recht zum Besitz besteht. 41

I. Schutzfunktion

Schutzfunktion

Die Schutzfunktion dient dem Rechtsfrieden, indem grundsätzlich Dritten verboten wird, den Besitz eines anderen zu brechen oder zu stören. Dies soll Selbstjustiz verhindern. 42

Dies gilt sogar dann, wenn Dritten ein Recht zum Besitz zusteht und dem Besitzer gerade nicht, § 863 BGB. Nähere Ausführungen hierzu finden Sie in § 2, E. Besitzschutz.

II. Erhaltungs- oder Kontinuitätsfunktion

Erhaltungsfunktion

An verschiedenen Stellen erkennt das Gesetz das Interesse des Besitzers an der Erhaltung des Besitzes an, auch wenn der Besitzer kein petitorisches Recht zum Besitz (zur Definition siehe Rn. 7) hat. 43

1. Ersitzung

§ 937 BGB Fahrnisersitzung

Unter den Voraussetzungen der §§ 937 ff. BGB (lesen!) kann der Besitzer bei beweglichen Sachen durch Zeitablauf von 10 Jahren Eigentümer werden, wenn er die Sache in Eigenbesitz nach § 872 BGB hatte. 44

§ 900 BGB Buchersitzung

Bei unbeweglichen Sachen muss der Eigenbesitzer diese ausweislich § 900 I BGB 30 Jahre in Besitz haben.

2. Ablösungsrecht

Ablösungsrecht, § 268 I S. 2 BGB

Dem Besitzer steht ein Ablösungsrecht nach § 268 I S. 2 BGB zu, wenn er i.R. einer Zwangsvollstreckung durch einen Gläubiger des Eigentümers Gefahr läuft, seinen Besitz zu verlieren. 45

Vertiefung

Einzelheiten zum Ablösungsrecht werden in den ersten Semestern definitiv nicht abgeprüft. Daher genügt es für Sie vollkommen, zu wissen, dass es ein solches Ablösungsrecht gibt. Zur Vertiefung siehe Hemmer/Wüst, Sachenrecht I, Rn. 120.

3. Verstärkung der obligatorischen Rechtsstellung

Recht zum Besitz, § 986 II BGB

Eine Verstärkung der Stellung des obligatorisch berechtigten Besitzers **beweglicher** Sachen ergibt sich aus **§ 986 II BGB**. 46

Während nach § 986 I S. 1 BGB derjenige Besitzer, der unmittelbar von dem Eigentümer ein Recht ableitet, vor einem Herausgabeanspruch des Eigentümers geschützt wird, erweitert § 986 II BGB diesen Schutz.

Nach § 986 II BGB wird der gegenüber dem ursprünglichen Eigentümer berechtigte Besitzer auch dann geschützt, wenn der ursprüngliche Eigentümer die Sache unter Abtretung seines Herausgabeanspruchs gemäß §§ 929 S. 1, 931 BGB weiterveräußert.

In diesem Fall besteht gegenüber dem neuen Eigentümer kein Recht zum Besitz, da schuldrechtliche Rechtspositionen nur zwischen den Vertragsparteien Wirkungen entfalten.

Allerdings soll der berechtigte Besitzer nach der ratio des § 986 II BGB davor geschützt werden, dass der ursprüngliche Eigentümer ohne sein Wissen die Sache veräußert und er allein dadurch sein Recht zum Besitz verliert.

Anderenfalls könnte der Eigentümer willkürlich das Recht zum Besitz beenden.

Zur Verdeutlichung soll folgendes Beispiel dienen:

> ***Bsp.:*** *Eigentümer E vermietet an seinen Freund B eine Waschmaschine für den Freundschaftspreis von 1 € monatlich für die Dauer von 2 Jahren.*
>
> *Nach 5 Monaten veräußert E die Waschmaschine gemäß §§ 929 S. 1, 931 BGB unter Abtretung seines Herausgabeanspruchs nach § 546 I BGB gegen B an D.*
>
> *D verlangt nun von B die Waschmaschine nach § 985 BGB heraus.*
>
> E hat eine **bewegliche** Sache dem B zum Besitz überlassen. Veräußert nun E die Sache gemäß §§ 929 S. 1, 931 BGB an D, so ist B während der Mietdauer, d.h. also solange er obligatorisch zum Besitz berechtigt ist, auch gegenüber dem neuen Eigentümer berechtigt, die Herausgabe nach § 986 II BGB zu verweigern. (Obwohl er mit D keinen Vertrag, der ihn zum Besitz berechtigt, abgeschlossen hat.)

Klausurtipp

hemmer-Methode: Beachten Sie, dass § 986 II BGB über seinen Wortlaut hinaus auch bei der Veräußerung eines nicht besitzenden Veräußerers nach §§ 929 S. 1, 930 BGB gilt, da in diesem Fall der unmittelbare Besitzer ebenso schutzbedürftig ist. Anderenfalls könnte § 986 II BGB zu leicht umgangen werden. Denn ob die Übereignung nach § 931 oder § 930 vorgenommen wird, kann der unmittelbare Besitzer nicht beeinflussen.
Verzweifeln Sie nicht, wenn Sie dieses komplexe Thema nicht im ersten Anlauf verstanden haben. Eine eingehendere Erörterung der Problematik des Rechts zum Besitz i.S.d. § 986 BGB finden Sie im Kapitel über das Eigentümer-Besitzer-Verhältnis. Versuchen Sie, nachdem Sie sich dieses Kapitel erarbeitet haben, noch einmal, das oben genannte Beispiel nachzuvollziehen.

III. Publizitätsfunktion

Publizitätsfunktion

Der Besitz stellt ein Indiz für bestimmte dingliche Rechte dar, die durch den Besitz nach außen kundgemacht werden. 47

Beispielsweise ist der Besitzer einer Sache auch häufig der Eigentümer der Sache.

An diese allgemeine Lebenserfahrung knüpft das Gesetz in § 1006 I S. 1 BGB zwei widerlegliche Vermutungen.

Allerdings entfaltet der Besitz diese Publizitätsfunktion **nur bei beweglichen Sachen**. 48

Bei unbeweglichen Sachen übernimmt die Eintragung in das Grundbuch die Publizitätsfunktion (§ 891 BGB).

Im Einzelnen ergeben sich aus der Publizitätsfunktion folgende Wirkungen:

1. Vermutungswirkung

Vermutungswirkung des Besitzes

Wie bereits erwähnt entfaltet der Besitz eine Vermutungswirkung zugunsten des Besitzers. 49

§ 1006 BGB lässt Eigentum bei Besitzer vermuten

Zugunsten des in § 1006 I S. 1 BGB genannten Besitzers wird vermutet, dass er

- ⇨ **bei Besitzerwerb Eigentum** erwarb (Erwerbsvermutung) und dass er
- ⇨ **während der Besitzzeit Eigentümer** blieb (Bestandsvermutung).

Da Eigenbesitzer nur derjenige ist, der die Sache für sich selbst besitzt und dies typischerweise bei einem Eigentümer der Fall ist, kommt dies der Vermutung des Eigentums sehr nahe, auch wenn § 1006 BGB nach ganz h.M. keine Rechtszustandsvermutung aufstellt.

Ausräumen der Vermutung

Diese **Vermutungswirkungen** können allerdings **widerlegt** werden durch: 50

- ⇨ den Nachweis des Abhandenkommens, §§ 1006 I S. 2, 935 BGB
- ⇨ die Erschütterung der Vermutungsbasis, indem nachgewiesen wird, dass der (angebliche) Besitzer gar keinen Besitz oder zumindest keinen Eigenbesitz begründet hat
- ⇨ die Widerlegung der Vermutung selbst, indem nachgewiesen wird, dass der Besitzer kein Eigentum erworben oder es wieder verloren hat

2. Übertragungswirkung

Übertragungswirkung durch Übergabe (bzw. Surrogate)

Das Sachenrecht verlangt für Rechtsveränderungen neben der dinglichen Einigung der beteiligten Parteien eine Kenntlichmachung dieser Rechtsveränderung. Diese Voraussetzung erfüllt der Besitz bei beweglichen Sachen, indem diese übergeben werden, vgl. § 929 S. 1 BGB. 51

3. Gutglaubenswirkung

Gutglaubenswirkung durch Besitz als Rechtsscheinträger

Obwohl absolute Rechte grds. nur von dem Berechtigten übertragen werden können, gestattet das BGB in den §§ 932 ff. BGB für bewegliche Sachen unter bestimmten Voraussetzungen auch den Erwerb von einem Nichtberechtigten. 52

Voraussetzung für einen gutgläubigen Erwerb ist stets die Existenz eines zuverlässigen Rechtsscheinträgers.

Ein solcher zuverlässiger Rechtscheinträger ist bei beweglichen Sachen der Besitz, an den die oben genannten Vermutungen angeknüpft werden.

Wird schon zugunsten des Besitzers faktisch das Eigentum vermutet, so muss sich erst Recht ein Dritter auf diese Vermutungen beziehen können.

E. Besitzschutz

Formen des Besitzschutzes

Der Besitzschutz ist die konkrete Ausgestaltung der Schutzfunktion des Besitzes und wird an verschiedenen Stellen des BGB behandelt. 53

Es ist zu unterscheiden zwischen folgenden Formen:

- ⇨ Gewaltrechte (§ 859 BGB)
- ⇨ possessorischer Besitzschutz (§§ 861, 862, 867 BGB)
- ⇨ petitorischer Besitzschutz (§ 1007 BGB)
- ⇨ Besitzschutz nach sonstigen Vorschriften (§§ 823, 812 BGB)

I. Die Gewaltrechte, § 859 BGB

Gewaltrechte, § 859 BGB

Merke: § 859 BGB ist ein Rechtfertigungsgrund und kein Anspruch!

Gewaltrechte als Selbsthilferechte

Als Ausnahme vom Grundsatz, dass die Durchsetzung von Rechten der Staatsgewalt obliegt (= Gewaltmonopol des Staates), darf sich der Besitzer gemäß § 859 BGB gegenüber verbotener Eigenmacht mit Gewalt wehren. Dabei muss zwischen Besitzwehr (§ 859 I BGB) und Besitzkehr (§ 859 II, III BGB) unterschieden werden, wobei in beiden Fällen der Eingriff mittels verbotener Eigenmacht (§ 858 BGB) verübt werden muss. 54

1. Verbotene Eigenmacht, § 858 BGB

Verbotene Eigenmacht, § 858 BGB

Verbotene Eigenmacht (§ 858 I BGB) hat folgende Tatbestandsvoraussetzungen: 55

⇨ Beeinträchtigung durch Entziehung (§ 861 BGB) oder Besitzstörung (§ 862 BGB) des unmittelbaren Besitzes

⇨ Widerrechtlichkeit der Beeinträchtigung, d.h. ohne den Willen des Besitzers und ohne Gestattung durch das Gesetz

Rechtsfolge: verbotene Eigenmacht führt zur **Fehlerhaftigkeit des Besitzes** (§ 858 II S. 1 BGB).

hemmer-Methode: § 858 BGB ist gemeinsame Voraussetzung für alle Arten von Besitzschutz und daher in der Falllösung nie isoliert anzusprechen, sondern i.R. der Ansprüche aus §§ 861, 862 BGB oder des Rechtfertigungsgrundes nach § 859 BGB als Tatbestandsmerkmal.

§ 858 I BGB bezieht sich nur auf den unmittelbaren Besitz

§ 858 I BGB definiert den Begriff der verbotenen Eigenmacht als Besitzbeeinträchtigung ohne den Willen des Besitzers und ohne gesetzliche Gestattung. Dabei stellt § 858 I BGB **ausschließlich** auf den **unmittelbaren Besitz** ab. Auf ein Verschulden oder ein Recht zum Besitz kommt es nicht an. 56

Besitzbeeinträchtigung durch Entziehung oder Störung

Eine **Besitzentziehung** ist gegeben, wenn der Besitzer vollständig und nicht nur vorübergehend von der Ausübung der tatsächlichen Gewalt ausgeschlossen ist. Alle anderen Fälle der Besitzbeeinträchtigung werden als **Besitzstörung** behandelt.

Wille des Besitzers

Die **Widerrechtlichkeit** entfällt, wenn die Beeinträchtigung nicht ohne den Willen (d.h. mit irgendwie kundgegebener Zustimmung) des **unmittelbaren** Besitzers erfolgt. Für ein wirksames Einverständnis des Besitzers genügt nach h.M. ein natürlicher Wille, es bedarf keines rechtsgeschäftlichen Einverständnisses (so a.A.). 57

Begründet wird dies aus einem systematischen Vergleich mit §§ 854 I, 856 I BGB, die jeweils auch einen natürlichen Willen genügen lassen.

Gestattung durch Gesetz

Gesetzliche Gestattung schließt die Widerrechtlichkeit aus. Für eine gesetzliche Gestattung genügt nicht ein schuldrechtlicher oder dinglicher Anspruch des Störers gegen den Besitzer auf Besitzeinräumung, denn sie verleihen keine Befugnis zu selbständiger (ohne gerichtliche Hilfe) Rechtsverwirklichung.

Es kommt darauf an, ob ein Gesetz einen Eingriff in das Besitzrecht eines anderen durch eigenes Handeln erlaubt, ohne auf eine gerichtliche Durchsetzung zu verweisen. Als solche Eingriffsrechte kommen nur amtliche, auf Gesetz begründete Akte (z.B. des Gerichtsvollziehers) sowie Notwehr- und Selbsthilfebefugnisse nach §§ 227, 229, 859, 904 BGB in Betracht.

Rechtsfolge: Besitz ist fehlerhaft, § 858 II S. 1 BGB

Gemäß § 858 II S. 1 ist der durch verbotene Eigenmacht erlangte Besitz **fehlerhaft**. Dies setzt sich auch unter den Voraussetzungen des § 858 II S. 2 BGB bei den Rechtsnachfolgern fort. 58

Danach bleibt die Fehlerhaftigkeit bei der Gesamtrechtsnachfolge durch Erbschaft (§§ 1922, 857 BGB) immer erhalten, während beim rechtsgeschäftlichen Erwerb nur die positive Kenntnis der Fehlerhaftigkeit im Zeitpunkt des Erwerbs schadet. Ansonsten überwindet die Gutgläubigkeit des Erwerbers die Fehlerhaftigkeit des Besitzes.

2. Besitzwehr, § 859 I BGB

Besitzwehr, § 859 I BGB

Besitzwehr nach § 859 I BGB verleiht das Recht, **bestehenden Besitz** zu verteidigen. Es ist eine Erweiterung der allgemeinen Selbstverteidigungs- und Selbsthilferechte gem. §§ 227 ff. BGB, insbesondere der Notwehr (§ 227 BGB). Diese Rechte sind nur zulässig, wenn obrigkeitliche Hilfe nicht rechtzeitig zu erlangen ist. Diese restriktive (= einschränkende) Anwendung resultiert aus dem Gewaltmonopol des Staates. 59

Private Gewalt soll nur als „ultima ratio“ (= letztes Mittel) zulässig sein. § 859 I BGB verzichtet nun in Erweiterung des § 227 BGB auf das Erfordernis, dass obrigkeitliche Hilfe nicht rechtzeitig zu erlangen ist. Er ermöglicht dem Besitzer ein eigenes Notwehrrecht.

Voraussetzungen

§ 859 I BGB hat folgende Voraussetzungen: 60

- ⇨ Besitzstörung oder Besitzentzug durch verbotene **Eigenmacht, die noch nicht abgeschlossen ist**
- ⇨ Nichtüberschreitung der erforderlichen Gewaltanwendung (Gedanke des § 227 II BGB)

Erforderliche Gewalt

§ 859 I BGB setzt voraus, dass die verbotene Eigenmacht noch nicht zum Verlust des Besitzes geführt hat. Anderenfalls käme nur noch eine Besitzkehr in Betracht. Weiterhin darf die Gewaltanwendung nicht über das zur Abwehr gegenwärtiger, verbotener Eigenmacht gebotene Maß hinausgehen (Rechtsgedanke des § 227 II BGB). Ob eine Überschreitung vorliegt, ist nach der **objektiven Sachlage** zu beurteilen. Eine Überschreitung stellt eine widerrechtliche Handlung nach § 823 I BGB dar, so dass eine Schadensersatzpflicht begründet wird. 61

> **Bsp.:** *Der 7-jährige A klettert auf den Baum des B, um „Tarzan“ zu spielen. B fordert ihn auf, sofort sein Grundstück zu verlassen. Als A dem nicht folgt, holt B sein Gewehr und schießt A vom Baum, so dass dieser schwer verletzt wird. Hat A einen Schadensersatzanspruch gegen B?*

Formulierungsbeispiel

> A könnte einen Schadensersatzanspruch nach § 823 I BGB haben. B hat den objektiven Tatbestand des § 823 I BGB erfüllt, wenn sein Handeln nicht nach § 859 I BGB gerechtfertigt war. Zwar stellt das unbefugte Betreten des Grundstücks und das Verweilen auf dem Baum eine Besitzstörung dar. Jedoch überschritt der Waffeneinsatz von B das erforderliche Maß der Besitzwehr (Rechtsgedanke des § 227 II BGB), da der durch die Verteidigung drohende Schaden in einem krassen Missverhältnis zur Besitzstörung stand. Daher handelte B rechtswidrig und ist zum Schadensersatz nach § 823 I BGB verpflichtet.

hemmer-Methode: Kommentieren Sie sich (soweit zulässig) § 227 II BGB an § 859 BGB.

3. Besitzkehr, § 859 II, III BGB

Besitzkehr

§ 859 II BGB gibt dem Besitzer das Recht, dem Störer die bewegliche Sache wieder abzunehmen, wenn er auf frischer Tat betroffen oder verfolgt wird. § 859 III BGB regelt die Besitzkehr für Grundstücke. 62

§ 859 II BGB

Voraussetzungen des § 859 II BGB: 63

- ⇨ bewegliche Sache
- ⇨ Besitzentziehung durch verbotene Eigenmacht
- ⇨ **auf frischer Tat betroffen oder nach der Tat verfolgt** (Nacheile)
- ⇨ Nichtüberschreitung des Rechtes zur Besitzkehr (Gedanke des § 227 II BGB)

§ 859 III BGB

Voraussetzungen des § 859 III BGB: 64

- ⇨ unbewegliche Sache
- ⇨ Besitzentziehung durch verbotene Eigenmacht, § 858 BGB
- ⇨ **sofortige** Wiederbeschaffung des Besitzes
- ⇨ Nichtüberschreitung des Rechtes zur Besitzkehr (Gedanke des § 227 II BGB)

Zeitliche Grenzen der Besitzkehr

§ 859 II, III BGB stellt klar, dass es, auch nachdem die Besitzentziehung bereits vollendet ist, noch Gewaltrechte geben kann. Es bedarf keines gegenwärtigen Angriffs, jedoch sind zeitliche Grenzen gesetzt, die bei beiden Absätzen differieren. 65

§ 859 II BGB verlangt, dass das Wiederabnehmen entweder bei **Betreffen auf frischer Tat**, d.h. unmittelbar bei oder alsbald nach der Entziehung erfolgt oder aber **nach Verfolgung** auf frischer Tat geschieht (Nacheile), d.h. die Tat muss bei oder alsbald nach der Verübung entdeckt worden sein und die Verfolgung alsbald begonnen haben. 66

> ***Bsp.:*** *A fährt mit seinem Fahrrad zur Bäckerei und stellt es vor dem Verkaufsladen ab. Daraufhin kommt Dieb D, nimmt das Fahrrad und fährt davon. A beobachtet dies und läuft D hinterher. Als D an einer geschlossenen Bahnschranke halten muss, nimmt ihm A das Fahrrad gewaltsam ab.*
>
> Hier hat A sein Selbsthilferecht nach § 859 II BGB innerhalb der zeitlichen Grenze ausgeübt, so dass die Gewaltanwendung gegenüber D rechtmäßig war. D hat keine Ansprüche gegen A.

Sofortige Besitzkehr, § 859 III BGB

§ 859 III BGB enthält eine engere zeitliche Begrenzung, wonach die Besitzkehr **„sofort“** zu erfolgen hat. „Sofort“ bedeutet dabei nicht wie bei § 121 BGB „unverzüglich“, sondern so schnell wie nach objektivem Maßstab möglich, ohne Rücksicht auf die Kenntnis der Entziehung. 67

Klausurtipp

Parken auf fremden Grundstück

hemmer-Methode: Standardbeispiel für einen Fall des § 859 III BGB ist das Parken auf fremdem Grundstück. Durch das Abstellen des Pkw wird regelmäßig eine Teilentziehung des Besitzes am Grundstück verwirklicht, gegen die sich der Besitzer gem. § 859 III BGB durch Entsetzung des Pkw wehren kann. Umstritten ist dabei die zeitliche Grenze. Die wohl h.M. lässt ein Abschleppen nach widerrechtlichem Parken auch noch am nächsten Tag zu, wogegen das AG München bereits ein Abschleppen nach 7 Stunden nicht von § 859 III BGB erfasst sah (Beispiel aus dem Examen: Die Motorhaube war nicht mehr warm!).
Die h.M. begründet ihre Ansicht damit, dass es nicht einzusehen ist, warum derjenige, der dem Falschparker durch längeres Zuwarten die Möglichkeit gibt, den widerrechtlichen Zustand zu beseitigen, schlechter gestellt werden soll.

4. Erweiterung der Gewaltrechte nach § 859 IV BGB

Bzgl. Besitznachfolger, § 859 IV BGB

Die Gewaltrechte stehen dem Besitzer nicht nur gegen den Besitzentzieher zu, sondern unter den Voraussetzungen des § 858 II BGB auch gegen dessen fehlerhaft besitzenden **Rechtsnachfolger**. 68

Besitzer i.S.d. § 859 BGB:

5. Inhaber der Gewaltrechte

a) Unmittelbarer Besitzer

Unmittelbarer Besitzer

Dem unmittelbaren Besitzer stehen die Gewaltrechte aus § 859 BGB gegen jedermann zu. Unbeachtlich ist dabei, ob er berechtigter oder unberechtigter Besitzer ist oder war. 69

b) Besitzdiener

Besitzdiener nur gem. § 860 BGB (als fremdes Recht)

Der Besitzdiener darf nach § 860 BGB die Gewaltrechte des § 859 BGB ausüben. Zu beachten ist, dass § 860 BGB kein eigenes Selbsthilferecht statuiert, sondern dem Besitzdiener nur die Befugnis verleiht, das Gewaltrecht des Besitzherrn für diesen auszuüben. Folglich darf der Besitzdiener die Gewaltrechte nur im Interesse des Besitzherrn und nicht gegen ihn ausführen. Anderenfalls ist sein Verhalten nicht über § 859 BGB gerechtfertigt. 70

Dagegen stehen ihm die Selbsthilferechte nach §§ 227, 229 BGB als **eigene Rechte** zu.

c) Mittelbarer Besitzer

Mittelbarer Besitzer, § 869 BGB

71 Nach dem Wortlaut des § 869 BGB stehen dem mittelbaren Besitzer nur die Rechte aus §§ 861, 862 BGB zu. Im Umkehrschluss müsste daher ein Recht aus § 859 BGB für den mittelbaren Besitzer verneint werden.

E.A.: kein Schutz

72 Mit diesem Wortlautargument lehnt auch eine Ansicht ein Gewaltrecht des mittelbaren Besitzers ab. Dafür spricht auch, dass der mittelbare Besitzer nicht die unmittelbare Sachherrschaft innehat. Zudem ist der mittelbare Besitzer über die §§ 227, 229 BGB ausreichend geschützt.

H.M.: § 869 BGB analog

73 Die wohl h.M. wendet §§ 869, 859 BGB analog an.

Exkurs: Vss. einer Analogie

Merke: Eine Analogie setzt voraus:
- eine planwidrige Regelungslücke und
- eine vergleichbare Interessenlage

Die **Regelungslücke** ist in der Nichtregelung der Gewaltrechte für den mittelbaren Besitzer zu sehen. Die **Planwidrigkeit** der Gesetzeslücke lässt sich aus der gesetzlichen Gleichbehandlung von mittelbarem und unmittelbarem Besitzer in § 868 BGB ableiten.

Zudem stellt § 869 BGB keine abschließende Regelung bezüglich des Besitzschutzes des mittelbaren Besitzers dar, sondern nur eine besondere Ausgestaltung der Ansprüche aus §§ 861, 862 BGB. Auch die **Interessenlage** ist der beim unmittelbaren Besitz **vergleichbar**, da der unmittelbare Besitzer durch die Beeinträchtigung an der Ausübung des Besitzes für den mittelbaren Besitzer gehindert wird.

Klausurtipp

hemmer-Methode: Entscheidend für die Darstellung von Meinungsstreitigkeiten ist die Argumentation und nicht das Ergebnis. Sie können nicht jeden Meinungsstreit auswendig lernen. Umso entscheidender ist es deshalb, dass Sie es verstehen, Probleme mit Ihrem juristischen „Handwerkszeug" in nachvollziehbarer Weise zu lösen. Entscheidend ist dabei, dass Sie die vier wesentlichen Argumentationsmethoden (Wortlaut, Systematik, Geschichte und Sinn/Zweck des Gesetzes) beherrschen und Ihre Argumente auf diese zurückführen.

§ 869 S. 2 BGB analog

74 Der mittelbare Besitzer darf aber nur gemäß **§ 869 S. 2 BGB analog** das Gewaltrecht nach § 859 BGB zur Widereinräumung der alten Besitzlage ausüben.

Er muss also die wiedererlangte Sache an den unmittelbaren Besitzer herausgeben. Beachten Sie auch, dass für das Vorliegen von verbotener Eigenmacht nur der Wille des unmittelbaren Besitzers maßgeblich ist.

> **Bsp.:** *M hat ein Fahrrad bei V gemietet. Als M im Urlaub weilt, beobachtet V, wie D das Fahrrad stiehlt.*
>
> V als mittelbarem Besitzer stehen die Rechte aus § 859 BGB zur Wahrung des früheren Besitzstandes zu. Zwar sagt das Gesetz in § 869 BGB darüber nichts aus, aber ein lückenloser Besitzschutz verlangt die analoge Anwendung des § 859 BGB. Allerdings muss V gem. § 869 S. 2 BGB analog dem unmittelbaren Besitzer das Fahrrad herausgeben.

d) Teilbesitzer/Mitbesitzer/Erbenbesitzer

§ 859 BGB gilt für Teil-, Mit- und Erbenbesitzer

Die Rechte aus § 859 BGB stehen auch dem Teilbesitzer nach § 865 BGB, dem Mitbesitzer mit den Beschränkungen des § 866 BGB und dem Erbenbesitzer (§ 857 BGB) zu. 75

II. Die possessorischen Besitzschutzansprüche (§§ 861, 862, 867 BGB)

Possessorische Ansprüche

Possessorische **Ansprüche** im BGB sind die §§ 861, 862, 867 BGB. Dabei gelten die §§ 861, 862 BGB sowohl für bewegliche als auch für unbewegliche Sachen. 76

hemmer-Methode: Der Rechtsbegriff Anspruch wird übrigens in § 194 I BGB legaldefiniert. Auch hier gilt wieder, dass sich stupides Auswendiglernen durch ein „Kennen“ des Gesetzes vermeiden lässt.

Grundlage ist Besitz und nicht Recht zum Besitz

Im Gegensatz zu den petitorischen Ansprüchen sind die possessorischen Ansprüche unabhängig vom Bestehen eines Rechts zum Besitz. Dies ergibt sich aus § 863 BGB.

1. § 861 BGB

§ 861 BGB

§ 861 BGB ist im Zusammenhang mit der Besitz**kehr** nach § 859 II, III BGB zu sehen. Sofern deren zeitliche Grenzen überschritten sind, entfällt ein Selbsthilferecht. Zur Wiedereinräumung des Besitzes bedarf es jetzt einer gerichtlichen Durchsetzung, die mit Hilfe des Anspruchs aus § 861 BGB verwirklicht werden kann. § 861 BGB **entspricht** dem Herausgabeanspruch des Eigentümers nach **§ 985 BGB**, denn beide Ansprüche sind auf **Wiedereinräumung des Besitzes** gerichtet. 77

Voraussetzungen

<u>Prüfungsschema für § 861 BGB:</u> 78

1. Besitzentziehung durch verbotene Eigenmacht, § 858 I BGB
2. Anspruchsteller war unmittelbarer oder mittelbarer (§ 869 BGB) Besitzer
3. Anspruchsgegner ist fehlerhafter Besitzer, § 858 II BGB
4. Kein Ausschluss nach § 861 II BGB
5. Kein Erlöschen nach § 864 BGB

2. § 862 BGB

§ 862 BGB

§ 862 BGB korrespondiert mit der Besitz**wehr** nach § 859 I BGB. 79

Der Anspruch nach § 862 I BGB ist entweder auf Beseitigung (Satz 1) oder aber auf Unterlassung der Störung (Satz 2) gerichtet. Insoweit **entspricht** § 862 BGB dem Beseitigungs- und Unterlassungsanspruch des Eigentümers nach **§ 1004 BGB**. Für einen Anspruch auf Unterlassung ist grundsätzlich erforderlich, dass weitere Störungen zu besorgen sind. Eine bereits begangene Störung ist ein starkes Indiz für die Wiederholungsbefahr. Der Unterlassungsanspruch kann auch bereits gegen die erstmals drohende Störung gerichtet werden, sog. Erstbegehungsgefahr, die sich aus Vorbereitungshandlungen und Ankündigungen ergeben kann. Der Unterlassungsanspruch bei Erstbegehungsgefahr setzt allerdings eine auf Tatsachen begründete Wahrscheinlichkeit einer künftigen Störung voraus.

Voraussetzungen

<u>Prüfungsschema für § 862 BGB:</u> 80

1. Anspruchsteller ist Besitzer
2. Besitzstörung durch verbotene Eigenmacht, § 858 I BGB
3. Anspruchsgegner ist Störer
4. Kein Ausschluss nach § 862 II BGB
5. Kein Ausschluss nach § 864 BGB

3. § 867 BGB

§ 867 BGB

§ 867 BGB gewährt dem Besitzer einen **Anspruch auf Abholung** der Sache. Insoweit ergänzt § 867 BGB die §§ 861, 862 BGB. Zu beachten ist, dass § 867 BGB kein Selbsthilferecht, sondern nur einen **Anspruch auf Gestattung** des Betretens und Wegschaffens der Sache enthält. Betritt der Verfolgungsberechtigte das fremde Grundstück ohne vorherige Gestattung, liegt verbotene Eigenmacht vor. *81*

> ***Beispiel für § 867 BGB:*** *Beim Fußballspielen fliegt Ball in den Garten des Nachbarn.*

Voraussetzung für § 867 BGB ist nur, dass die Sache aus der Gewalt des Besitzers auf ein von einem anderen besessenes Grundstück gelangt ist und dieser die Sache noch nicht in Besitz genommen hat.

§ 867 BGB (-) nach Besitzergreifung des Grundstücksbesitzers

Nach der Besitzergreifung scheidet ein Anspruch aus § 867 BGB aus. Es kommen dann lediglich die Herausgabeansprüche nach §§ 985, 1007 BGB, sowie § 861 BGB in Betracht, wenn der Grundstücksbesitzer durch die Besitzergreifung verbotene Eigenmacht verübt. *82*

Merke: Aus § 867 S. 2 BGB ergibt sich ein Schadensersatzanspruch des Grundstücksbesitzers gegen den Besitzer.

4. Anspruchsberechtigter i.S.d. §§ 861, 862, 867 BGB

Anspruchsberechtigte: unmittelbarer und mittelbarer Besitzer (§ 869 BGB)

Anspruchsberechtigt ist der unmittelbare und gemäß § 869 S. 1, S. 3 BGB auch der mittelbare Besitzer. Hinsichtlich einer **Besitzstörung** besteht **kein Konkurrenzverhältnis** zwischen beiden, da nur die Beseitigung Anspruchsinhalt ist. *83*

Für den Fall einer **Besitzentziehung** regelt dagegen **§ 869 S. 2 BGB** das **Konkurrenzverhältnis**. Danach kann der mittelbare Besitzer grundsätzlich nur die Wiedereinräumung des Besitzes an den unmittelbaren Besitzer und nicht an sich selbst verlangen. Ausnahmsweise kann er die Herausgabe an sich selbst verlangen, wenn der unmittelbare Besitzer nicht in der Lage oder willens ist, die Sache zu übernehmen (§ 869 S. 2, 2. HS. BGB).

Nicht Besitzdiener (Umkehrschluss aus § 860 BGB)

Dem Besitzdiener stehen **keine Besitzschutzansprüche** zu. Dies ergibt sich e contrario (= Umkehrschluss) aus § 860 BGB, der nur auf die Gewaltrechte verweist. *84*

Teil- (§ 865 BGB) und Mitbesitzern (§ 866 BGB) stehen dagegen die Besitzschutzansprüche zu. Allerdings gilt für die Mitbesitzer die Einschränkung nach § 866 BGB, nach der sie untereinander nur im Falle der Besitzentziehung possessorischen Rechtsschutz erlangen können.

5. Anspruchsgegner

§ 861 BGB: unmittelbarer Besitzer

Beim Anspruchsgegner muss zwischen den einzelnen Ansprüchen unterschieden werden. 85

§ 861 BGB richtet sich **gegen** den gegenwärtigen **unmittelbaren Besitzer**, dessen Besitz fehlerhaft i.S.d. § 858 II S. 1 BGB sein muss.

§ 862 BGB: Störer

Anspruchsgegner im Fall des **§ 862 BGB** ist der für die **Störung Verantwortliche**. Die Verantwortung für die Störung trägt derjenige, mit dessen Willen der beeinträchtigende Zustand besteht oder von dessen Willen die Beseitigung abhängt.

§ 867 BGB: Grundstücksbesitzer

Im Falle des **§ 867 BGB** ist der **Grundstücksbesitzer** Anspruchsgegner.

6. Ausschlusstatbestände

Ausschlusstatbestände

Die Besitzschutzansprüche können durch das Eingreifen der §§ 861 II, 862 II, 864 I, 864 II BGB **ausgeschlossen** sein. 86

§§ 861 II, 862 II BGB

Grundsätzlich ist die Art der früheren Besitzerlangung des Anspruchstellers für das Bestehen der possessorischen Ansprüche unbeachtlich. §§ 861 II, 862 II BGB stellen eine Ausnahme von diesem Grundsatz dar. 87

Danach sind die Ansprüche aus §§ 861 I, 862 I BGB ausgeschlossen, wenn der Besitz des Anspruchstellers (oder seines Rechtsvorgängers) dem Anspruchsgegner (oder seinem Rechtsvorgänger) gegenüber fehlerhaft i.S.v. § 858 II BGB war und der fehlerhafte Besitz des Anspruchstellers innerhalb einer Jahresfrist vor seiner Entsetzung erlangt worden ist.

Voraussetzungen

Voraussetzung der §§ 861 II, 862 II BGB: 88

- ⇨ Fehlerhaftigkeit des Besitzes des Anspruchstellers gegenüber dem Anspruchsgegner
- ⇨ Besitzstellung des Anspruchstellers zwischen Erlangung und Beeinträchtigung des Besitzes nicht länger als ein Jahr

Bsp.: D stiehlt das Fahrrad des A. A holt sich das Fahrrad einen Monat später zurück. D verlangt Rückgabe.

A hat verbotene Eigenmacht verübt, so dass D der Anspruch aus § 861 I BGB grundsätzlich zusteht. Jedoch war D nicht länger als ein Jahr im Besitz der Sache und hat aufgrund des Diebstahls selbst fehlerhaft gegenüber A besessen, § 858 II S. 1 BGB. Nach § 861 II BGB ist der Anspruch des D gegen A aus § 861 I BGB demnach ausgeschlossen.

hemmer-Methode: Beachten Sie, dass die §§ 861 II, 862 II BGB immer i.R. der possessorischen Ansprüche als sogenannte Ausschlusstatbestände geprüft werden.

§ 864 I BGB: Erlöschen nach Jahresfrist

§ 864 I BGB schließt ebenfalls die Besitzschutzansprüche nach §§ 861, 862 BGB aus. Dabei regelt er **keinen Fall** der **Verjährung** (Einrede), sondern setzt unmittelbar das Erlöschen der Ansprüche (Einwendung) aus §§ 861 I, 862 I BGB fest, sofern diese nicht innerhalb eines Jahres nach Verübung der verbotenen Eigenmacht klageweise geltend gemacht worden sind. 89

Exkurs: Einwendung/ Einrede

hemmer-Methode: Unterscheiden Sie zwischen Einreden und Einwendungen. Einreden (z.B. Verjährung) verhindern die Durchsetzung eines Anspruchs, wogegen Einwendungen (z.B. § 864 I BGB) den Anspruch als solchen beseitigen. Im Zivilprozess werden die Einwendungen von Amts wegen berücksichtigt, während die Einreden vom Berechtigten erhoben werden müssen. Erkennen können Sie eine Einwendung meist daran, dass sie als Rechtsfolge das Erlöschen des Rechts vorsieht (z.B. § 142 I BGB: Nichtigkeit des Rechtsgeschäfts durch Anfechtung). Achten Sie daher auf den Wortlaut. Typisches Beispiel für eine Einrede: „kann verweigern", vgl. §§ 273 I, 320 I BGB!

§ 864 II BGB: rechtskräftiges Urteil

§ 864 II BGB stellt einen weiteren Ausschlusstatbestand dar. Demnach erlöschen (Einwendung!) die Ansprüche aus §§ 861, 862 BGB, wenn nach Verübung der verbotenen Eigenmacht des Anspruchsgegners ein rechtskräftiges Urteil mit dem Inhalt ergeht, welches das Recht zum Besitz des eigenmächtig Handelnden (Anspruchsgegners) bestätigt. Damit führt ein petitorisches Recht **ausnahmsweise** auch zur Vereitelung der possessorischen Rechte. 90

7. § 863 BGB

§ 863 BGB

Aus § 863 BGB ergibt sich der Grundsatz, dass ein Recht zum Besitz gegen die possessorischen Ansprüche nicht geltend gemacht werden kann. 91

Grundsätzlich sind Einwendungen aus materiellem Recht, z.B. Eigentum oder schuldrechtliche Herausgabeansprüche des Anspruchsgegners, unerheblich. Grund für die Stärkung der possessorischen Rechte ist es, eine **rasche Wiederherstellung** des durch die verbotene Eigenmacht beeinträchtigten Besitzes zu ermöglichen. Eine Ausnahme zu diesem Grundsatz stellt § 864 II BGB dar.

Danach tritt das Erlöschen der possessorischen Besitzschutzansprüche auch dann ein, wenn nach Verübung der verbotenen Eigenmacht durch rechtskräftiges Urteil festgestellt wird, dass dem Täter (Anspruchsgegner) ein Recht an der Sache zusteht, vermöge dessen er die Herstellung eines seiner Handlungsweise entsprechenden Besitzstandes verlangen kann, so wenn z.B. der eigenmächtig Handelnde durch ein rechtskräftiges Urteil als Eigentümer ausgewiesen wird.

Vertiefung

Die Problematik der sog. petitorischen Widerklage würde den Rahmen dieses Skriptes sprengen. Eine ausführliche Darstellung erfolgt in Hemmer/Wüst, Sachenrecht I, Rn. 234. Zum besseren Verständnis der possessorischen Besitzschutzansprüche empfiehlt sich die Lektüre der klausurtypischen Beispielsfälle 1 und 2 in „Die 50 wichtigsten Fälle, Sachenrecht I".
Anwendungsunspezifisches Lernen reicht in der Regel nicht aus, um Klausuren zu lösen. Entscheidend ist das fallorientierte Verständnis.

III. Die petitorischen Ansprüche, § 1007 I und II BGB

§ 1007 I, II BGB sind zwei Ansprüche

§ 1007 BGB enthält in Absatz I und Absatz II **zwei selbständige Anspruchsgrundlagen,** gerichtet auf Herausgabe. Beide Ansprüche schließen sich nicht aus, sondern können nebeneinander bestehen. § 1007 BGB gilt nur für bewegliche Sachen. 92

Anspruchsberechtigt ist jeder Besitzer, nicht Besitzdiener

Anspruchsberechtigt nach § 1007 I und II BGB ist der frühere Besitzer, unabhängig davon, ob er Eigen-/ Fremd-/ Allein-/ Mit-/ Teil-/ unmittelbarer oder mittelbarer Besitzer war. Im Umkehrschluss aus § 1007 III S. 1 BGB ist nicht Voraussetzung, dass der frühere Besitzer rechtmäßiger Besitzer war. So hat auch der Mieter, der aufgrund unwirksamen Mietvertrages unrechtmäßig besitzt, gegen den Dieb einen Anspruch gemäß § 1007 BGB. Entscheidend ist für § 1007 BGB, ob der frühere Besitzer (Anspruchsteller) eine bessere Berechtigung hat als der jetzige Besitzer. 93

Dem Besitzdiener stehen keine Ansprüche aus § 1007 BGB zu, da er gerade kein Besitzer, sondern nur Gewahrsamsinhaber ist. Zu beachten ist, dass der mittelbare Besitzer nur entsprechend § 869 S. 2, 2. HS BGB Herausgabe verlangen kann.

1. § 1007 I BGB

Voraussetzungen des § 1007 I BGB

Prüfungsschema für § 1007 I BGB 94

- ⇨ bewegliche Sache
- ⇨ früherer Besitz des Anspruchstellers
- ⇨ jetziger Besitz des Anspruchsgegners
- ⇨ Bösgläubigkeit beim Besitzerwerb (wie § 932 II BGB) bzgl. Recht zum Besitz (§ 986 II BGB)
- ⇨ kein Anspruchsausschluss, § 1007 III BGB

Gutgläubigkeit bzgl. Recht zum Besitz (§ 986 BGB)

§ 1007 I BGB regelt die Herausgabepflicht des bei Besitzerwerb bösgläubigen (gem. § 932 II BGB schadet Vorsatz oder grobe Fahrlässigkeit) Besitzers. Die Bösgläubigkeit muss sich, anders als in § 932 II BGB, auf ein **Recht zum Besitz** (§ 986 II BGB) **beziehen** und nicht auf das Eigentum. 95

2. § 1007 II BGB

Voraussetzungen des § 1007 II BGB

Prüfungsschema für § 1007 II BGB: 96

- ⇨ bewegliche Sache, die kein Geld oder Inhaberpapier ist (§ 1007 II S. 2 BGB)
- ⇨ früherer Besitz des Anspruchstellers
- ⇨ jetziger Besitz des Anspruchsgegners
- ⇨ Abhandenkommen beim Anspruchsteller, d.h. unfreiwilliger Besitzverlust des unmittelbaren Besitzes (§ 935 BGB)
- ⇨ Anspruchsgegner ist kein Eigentümer
- ⇨ kein Abhandenkommen beim Anspruchsgegner vor Besitzzeit des Anspruchstellers (früheren Besitzers)
- ⇨ kein Anspruchsausschluss, § 1007 III BGB

§ 1007 II BGB regelt die Herausgabepflicht des gutgläubigen Besitzers, wenn die Sache dem früheren Besitzer abhandengekommen (§ 935 BGB) war. 97

3. Anspruchsausschluss, § 1007 III BGB

§ 1007 III S. 1 BGB: Ausschluss bei Bösgläubigkeit oder Besitzaufgabe des Anspruchstellers

Nach § 1007 III S. 1 BGB ist der Anspruch ausgeschlossen (Einwendung!), wenn der Anspruchsteller beim früheren Besitzerwerb selbst bösgläubig war oder den Besitz aufgegeben hatte gem. § 856 BGB. 98

Aus § 1007 III S. 2 BGB i.V.m. § 986 BGB ergibt sich eine Einwendung des Anspruchsgegners, wenn dieser ein gegenwärtiges Recht zum Besitz gegenüber dem Anspruchsteller innehat. Darüber hinaus ergeben sich aus § 1007 III S. 2 BGB i.V.m. §§ 987 ff. BGB auch noch weitere Ansprüche auf Schadensersatz, Nutzungsherausgabe und Verwendungsersatz.

Vertiefung

Ein umfassender Beispielsfall über den petitorischen Besitzschutz findet sich in „Die 50 wichtigsten Fälle Sachenrecht I", Fall 3, S. 11 ff.

IV. Besitzschutz nach sonstigen Vorschriften

Der Besitzschutz kann sich auch aus sonstigen Vorschriften ergeben, insbesondere aus Delikts- und Bereicherungsrecht. 99

1. Besitzschutz über § 823 BGB

Deliktischer Besitzschutz

Auch der deliktische Schadensersatzanspruch des § 823 BGB kann den Besitz schützen. 100

a) Besitz als „sonstiges Recht" i.S.d. § 823 I BGB

Voraussetzungen des § 823 I BGB

Prüfungsschema für § 823 I BGB: 101

- ⇨ Rechtsgutsverletzung
- ⇨ Verletzungshandlung: Positives Tun oder Unterlassen
- ⇨ Kausalität zwischen Handlung und Rechtsgutsverletzung (haftungsbegründende Kausalität)
- ⇨ Rechtswidrigkeit
- ⇨ Verschulden
- ⇨ Schaden
- ⇨ Haftungsausfüllende Kausalität zwischen Rechtsgutsverletzung und Schaden
- ⇨ Mitverschulden und Verjährung

Besitz als „sonstiges Recht“ i.S.d. § 823 I BGB?

Problematisch beim deliktischem Besitzschutz über § 823 I BGB ist, ob der Besitz ein „sonstiges Recht“ darstellt und damit überhaupt eine Rechtsgutsverletzung vorliegen kann. 102

H.M.: (+), wenn mit absolutem Recht vergleichbar

Eine Ansicht bejaht dies generell. Die wohl h.L. differenziert nach der konkreten Besitzstellung. Danach ist nur der **berechtigte Besitz** als Schutzgut des § 823 I BGB allgemein anerkannt. Nach a.A. kann auch der unrechtmäßige Besitz Rechtsgut i.S.d. § 823 I BGB sein. 103

Sonstige Rechte sind nur solche Rechte, die einen absoluten Schutz beinhalten. Als Vergleich wird das Schutzgut Eigentum angeführt. Dies enthält neben seiner negativen Seite (= Ausschlussfunktion) auch eine positive (= Nutzungsfunktion). Der bloße Besitz berechtigt über §§ 861 ff. BGB nur zum Ausschluss. Ein Nutzungs- oder Gebrauchsrecht wird durch den bloßen Besitz nicht gewährleistet. Folglich kann nur der Besitz, welcher mit einer über den possessorischen Schutz hinausgehenden Befugnis zusammentrifft, ein sonstiges Recht i.S.v. § 823 I BGB sein. Dies ist bei allen rechtmäßigen Besitzern der Fall, kann aber auch bei einem unrechtmäßigen Besitzer gegeben sein. So darf z.B. der unverklagte, redliche, entgeltliche unrechtmäßige Besitzer gezogene Nutzungen im Verhältnis zum Eigentümer behalten, vgl. §§ 987, 988, 990 BGB. Daraus ergibt sich, dass auch ein deliktischer Schutz geboten ist.

b) Besitzschutz über § 823 II BGB

Voraussetzungen des § 823 II BGB

<u>Prüfungsschema für § 823 II BGB:</u> 104

- ⇨ Vorliegen eines Schutzgesetzes
- ⇨ Verstoß gegen das Schutzgesetz
- ⇨ Rechtswidrigkeit
- ⇨ Verschulden
- ⇨ Schaden
- ⇨ Haftungsausfüllende Kausalität

§ 823 II BGB kann nur bei Verletzung eines Schutzgesetzes Besitzschutz gewähren. 105

§ 858 BGB als Schutzgesetz? h.M. (+)

Umstritten ist, ob § 858 BGB (verbotene Eigenmacht) als Schutzgesetz anzusehen ist. Die h.M. (BGH) bejaht dies. Nach a.A. gilt dies nicht, da anderenfalls ein schadensersatzrechtlicher Schutz jeden Besitzes gegeben wäre. Die in § 823 I BGB angestellte Differenzierung wäre überflüssig. 106

2. Besitzschutz über § 812 BGB

Bereicherungsrechtlicher Besitzschutz

Beim Besitzschutz über das Bereicherungsrecht ist zwischen der Leistungs- und der Eingriffskondiktion zu unterscheiden. 107

LK: jede Form von Besitz

Die **Leistungskondiktion** (LK) nach § 812 I 1, 1.Alt. BGB setzt voraus, dass der Bereicherte „etwas erlangt" hat. Darunter versteht man jeden vermögenswerten Vorteil, so dass auch jede Art von Besitz (ausgenommen Besitzdienerschaft, weil eben kein Besitz, sondern nur Gewahrsam) erfasst ist. 108

EK: i.d.R. (-), da §§ 861 ff., 1007 BGB spezieller

Ist der Besitz „in sonstiger Weise" erlangt, ist die Gewährung von Besitzschutz über die **Eingriffskondiktion** (EK) nach § 812 I S 1, 2. Alt. BGB aus Konkurrenzgründen problematisch. 109

Insoweit könnten ansonsten nämlich leicht die ausdifferenzierten Regelungen und Voraussetzungen der §§ 861 ff. BGB umgangen werden. Diese gehen als speziellere Regelungen der EK vor.

> ***Bsp.:*** *Der Anspruch aus § 861 I BGB erlischt gem. § 864 I BGB nach Verübung der verbotenen Eigenmacht, wenn nicht vorher Klage erhoben wurde. Diese Wertung würde unterlaufen, wenn § 812 BGB daneben stehen würde, bei dem es diese Begrenzung in zeitlicher Hinsicht nicht gibt.*

Etwas anderes kann höchstens dann gelten, wenn der entzogene Besitz wegen eines Besitzrechtes einen besonderen Zuweisungsgehalt wie beispielsweise ein Nutzungsrecht hatte. Dann werden i.d.R. sowieso weitere Anspruchsgrundlagen wie § 1007 BGB neben § 861 BGB stehen, so dass es nicht mehr allein um dessen Wertungen geht.

Vertiefung

Für eine ausführlichere Darstellung zum Besitzschutz nach sonstigen Vorschriften und zu besonderen Besitzfragen lesen Sie Hemmer/Wüst, Sachenrecht I, Rn. 242- 262.

§ 3 Eigentümer-Besitzer-Verhältnis (EBV)

A. Einführung

I. Überblick über die Regelungen

EBV

110 Die §§ 985-1003 BGB betreffen das Rechtsverhältnis zwischen dem Eigentümer und dem Besitzer einer Sache, wobei Eigentum und Besitz wenigstens in der Vergangenheit bestanden haben müssen. Man spricht dann vom Eigentümer-Besitzer-Verhältnis.

§§ 985, 986 BGB

111 § 985 BGB stellt einen Herausgabeanspruch dar, der auf die Wiedereinräumung des Besitzes gerichtet ist. Der Besitzer kann sich dagegen gem. § 986 BGB mittels eines Rechts zum Besitz verteidigen.

§§ 987 ff. BGB

112 Der dingliche Herausgabeanspruch wird durch die Hilfsansprüche der §§ 987-1003 BGB ergänzt. Durch die Vindikationslage wird ein gesetzliches **Schuldverhältnis** begründet. Die §§ 987 ff. BGB sind schuldrechtliche Folgeansprüche. Danach kann der Eigentümer gegen den Besitzer Schadensersatz (§§ 989 ff. BGB) und Nutzungsherausgabeansprüche (§§ 987 ff. BGB) sowie umgekehrt der Besitzer Verwendungsersatzansprüche (§§ 994 ff. BGB) geltend machen.

§ 1004 BGB

113 Bei anderen Störungen des Eigentums, die nicht in einer Entziehung oder Vorenthaltung bestehen, greift § 1004 BGB als Beseitigungs- und Unterlassungsanspruch.

II. Hauptregelungszweck und Anwendungsbereich

H.M.: Schutz des redlichen Besitzers

114 Die heute h.M. sieht den Grundgedanken der Regelungen des EBV in einem **Haftungsprivileg für den redlichen und unverklagten Besitzer**, der sich in den Grenzen seines vermeintlichen Besitzrechts gehalten hat. Begründen lässt sich diese Ansicht aus den Gesetzesmaterialien zum BGB und § 993 I a.E. BGB. Eine unbeschränkte Haftung wäre in der Regel auch unbillig, da der Mangel der Besitzberechtigung für den redlichen und unverklagten Besitzer meist nur schwer oder überhaupt nicht zu erkennen ist.

hemmer-Methode: Der Haftungsgrund des EBV ist also keine abstrakte und müßige Rechtsfrage, sondern gerade für konkurrenzrechtliche Fragen entscheidend. Gerade i.R. der Prüfung von Ansprüchen neben denen aus EBV müssen Sie sich immer wieder den Haftungsgrund des EBV vor Augen führen und damit argumentieren.

§ 993 I a.E. BGB = sog. „Sperrwirkung des EBV"

Aus **§ 993 I a.E. BGB** ergibt sich die sogenannte **„Sperrwirkung des EBV"**, wonach grundsätzlich alle Ansprüche auf Schadensersatz, Nutzungsherausgabe (und auch Verwendungsersatz, vgl. §§ 994 ff. BGB) von den §§ 987 ff. BGB verdrängt werden, **sofern** eine **Vindikationslage** (= Voraussetzungen des § 985 BGB) **zur Zeit der Tatbestandsverwirklichung** gegeben ist. Nicht ausgeschlossen sind hingegen andere Ansprüche, wie z.B. auf Herausgabe der Sache oder auch auf Wertersatz. 115

Klausurtipp

hemmer-Methode: Beachten Sie, dass die §§ 987 ff. BGB auch hinsichtlich Verbrauch (§§ 812, 818 II BGB), Veräußerung (§ 816 BGB) und Verarbeitung, Vermischung und Vermengung (§ 951 BGB i.V.m. Bereicherungsrecht; str., vgl. Rn. 198 ff.) nicht abschließend sind. Grund dafür ist, dass diese Fälle außerhalb des sachlichen Regelungsbereichs der §§ 987 ff. BGB liegen, die eben nur für Schadens-, Nutzungs- und Verwendungsersatz gelten. Die sogenannten Rechtsfortwirkungsansprüche treten hingegen an die Stelle des Herausgabeanspruchs aus § 985 BGB.

III. Grundvoraussetzung

Vindikationslage (§ 985 BGB) = Grundvoraussetzung für §§ 985 ff. BGB

Die §§ 985 ff. BGB richten sich alle nach dem Herausgabeanspruch gem. § 985 BGB. Dessen Voraussetzungen müssen zum Zeitpunkt des Umstands, aus dem die Rechtsfolgen hergeleitet werden, bestanden haben. Dann entsteht die sog. **Vindikationslage**. Voraussetzung dafür ist: Der Anspruchsteller ist Eigentümer, der Anspruchsgegner Besitzer und dieser hat kein Recht zum Besitz, vgl. § 986 BGB. Vereinfacht ausgedrückt: Auf Herausgabe nach § 985 BGB in Anspruch genommen, besteht kein Recht zum Besitz. 116

Klausurtipp

hemmer-Methode: Achten Sie beim Lesen des Sachverhalts auf den Zeitpunkt der Verletzungshandlung oder Nutzungsziehung. In <u>diesem</u> Zeitpunkt muss eine Vindikationslage bestanden haben. Keine Voraussetzung ist dagegen eine Vindikationslage im Zeitpunkt der Geltendmachung des Anspruchs. Beim Verwendungsersatz ist dies nach BGH z.T. anders, vgl. Rn. 237 ff. Typische Verletzungshandlungen in Klausuren sind Beschädigung, Zerstörung, Weiterveräußerung, Einbau und Verarbeitung.

B. Der Herausgabeanspruch nach § 985 BGB

§ 985 BGB = dinglicher Anspruch

§ 985 BGB ist ein **dinglicher Anspruch** für bewegliche und unbewegliche Sachen, der auf Wiedereinräumung des Besitzes zielt. 117

I. Voraussetzungen

Voraussetzungen

Prüfungsschema zu § 985 BGB: 118

- ⇨ Anspruchsberechtigter ist Eigentümer
- ⇨ Anspruchsgegner ist unmittelbarer oder mittelbarer Besitzer
- ⇨ Besitzer hat kein Recht zum Besitz, § 986 BGB

1. Anspruchsberechtigter

a) Eigentümer

Berechtigter ist Eigentümer

Anspruchsberechtigter ist der Eigentümer der Sache im Zeitpunkt des Herausgabeverlangens. Er muss sein Eigentum beweisen, wobei bei beweglichen Sachen die Vermutung des § 1006 BGB hilft. 119

§ 1006 BGB beruht auf einer **doppelten Vermutung**. Danach hat der Besitzer beim Eigenbesitzerwerb gleichzeitig auch das Eigentum erworben **und** während der Besitzzeit behalten (Rechtsfortdauervermutung). Diese Vermutung wird entkräftet, wenn der Besitzer erst nach dem Besitzerwerb das Eigentum erlangt haben will.

§ 1006 I BGB

§ 1006 I S. 1 BGB entfaltet diese doppelte Vermutung zugunsten des jetzigen Besitzers (Anspruchsgegner). Sie kann durch § 1006 I S. 2 BGB entkräftet werden, wenn dem früheren Besitzer die Sache abhandengekommen ist. Grund dafür ist, dass, wenn schon kein gutgläubiger Erwerb wegen § 935 BGB möglich ist, erst recht keine Eigentumsvermutung bestehen kann. 120

§ 1006 II BGB

§ 1006 II BGB bezieht die doppelte Vermutung auf den früheren Besitzer (Anspruchsteller). 121

Die Eigentumsvermutung überdauert den Besitzverlust (entgegen dem missverständlichen Wortlaut „während der Dauer seines Besitzes“), sofern nicht dem gegenwärtigen Besitzer die Vermutung des § 1006 I BGB zugutekommt oder ein späterer (früherer) Besitzer sich auf § 1006 II BGB berufen kann und somit für ihn die bessere Vermutung des § 1006 II BGB spricht.

§ 1006 III BGB

§ 1006 III BGB erweitert die Vermutungswirkung der Absätze I und II auf den gegenwärtigen bzw. früheren mittelbaren Besitzer, sofern der mittelbare Besitz feststeht oder nachgewiesen ist. 122

hemmer-Methode: Beachten Sie, dass § 1006 BGB nicht nur im Bereich des Sachenrechts anwendbar ist, sondern überall dort, wo es auf das Eigentum an einer beweglichen Sache ankommt (z.B. § 823 I BGB)!
Zum besseren Verständnis bearbeiten Sie aus „Die 50 wichtigsten Fälle Sachenrecht I“ den Fall 4!

b) Dritter

§ 985 BGB nicht abtretbar; aber Einziehungsermächtigung

§ 985 BGB ist nach h.M. nicht abtretbar. Die Stellung als Eigentümer und der Herausgabeanspruch nach § 985 BGB sollen nicht auseinanderfallen. Eine Ermächtigung nach § 185 BGB zur Geltendmachung des Anspruchs durch einen Dritten ist aber möglich. Dieser macht dann ein fremdes Recht (Eigentum bleibt bei Ermächtigendem) in eigenem Namen (nicht als Stellvertreter) geltend und kann Herausgabe an sich verlangen. 123

c) Anwartschaftsberechtigter

Auch bei AWR § 985 BGB (+)

§ 985 BGB kann auch dem Anwartschaftsberechtigten zustehen (näheres siehe § 6, Das Anwartschaftsrecht). 124

2. Anspruchsgegner

Gegner ist jeder Besitzer

Anspruchsgegner ist jeder Besitzer, unabhängig von seiner konkreten Stellung, mit Ausnahme des Besitzdieners, da dieser ja gar nicht Besitzer sondern lediglich Gewahrsamsinhaber ist. 125

3. Recht zum Besitz, § 986 BGB

§ 986 BGB

Ein Anspruch nach § 985 BGB besteht nur, wenn der Besitzer kein Recht zum Besitz hat (§ 986 BGB). 126

Einwendung, keine Einrede

Umstritten ist, ob ein Recht zum Besitz gem. § 986 BGB eine Einwendung oder eine Einrede darstellt. Eine Einwendung wird – im Gegensatz zur Einrede – im Prozess von Amts wegen vom Gericht geprüft und muss nicht geltend gemacht werden.

Die h.M. sieht in § 986 BGB eine Einwendung, während die Gegenansicht eine Einrede annimmt. Der **Wortlaut** („kann verweigern“) ist ähnlich wie in §§ 214, 273 BGB ausgestaltet und spricht daher für eine Einrede. Die Betrachtung inhaltlich vergleichbarer Vorschriften wie §§ 1004 II, 1007 III, 861 II BGB, die alle eine Einwendung darstellen, spricht jedoch unter Berücksichtigung des **Regelungszusammenhanges** für die h.M. 127

Klausurtipp

hemmer-Methode: Entscheidend ist wiederum nicht, welcher Ansicht Sie folgen, sondern die Begründung. Gerade bei Meinungsstreitigkeiten können Sie zeigen, dass Sie das juristische Argumentieren verstanden haben. Dazu gehören vor allem die vier Auslegungsmethoden (Wortlaut, Systematik, Geschichte und Sinn und Zweck). Hier stützt sich die Mindermeinung auf den Wortlaut des § 986 BGB, während die h.M. die Systematik des Gesetzes favorisiert. Diese Strukturen sollten Sie erkennen und anwenden, dann schreiben Sie „gute“ Klausuren. Die hemmer-Methode schult Sie darin!

Die Folgen dieses Streits ergeben sich zum einen im Anspruchsaufbau (Anspruch erloschen oder Anspruch gegeben, aber einredebehaftet und damit nicht durchsetzbar) sowie im Zivilprozess (Einwendungen werden v.A.w. berücksichtigt, Einreden nur auf Vorbringen).

Eigenes/abgeleitetes Besitzrecht

§ 986 I BGB unterscheidet zwischen dem eigenen Besitzrecht nach § 986 I S. 1 1. HS. BGB und dem von einem Dritten abgeleiteten Besitzrecht nach § 986 I S. 1 2. HS. BGB. 128

a) Eigenes Besitzrecht nach § 986 I S. 1 1. HS. BGB

Das Besitzrecht muss gerade gegenüber dem Eigentümer bestehen und kann sich aus unterschiedlichen Tatsachen ergeben. 129

Dingliche Rechte (+)

Dingliche Rechte (z.B. Pfandrechte wie z.B. das Faustpfandrecht, vgl. §§ 1204 ff. BGB, oder auch das Vermieter- (§ 562 BGB) und das Werkunternehmerpfandrecht, § 647 BGB) wirken als absolute Rechte gegenüber jedermann, also auch gegenüber dem Eigentümer, und geben somit ihrem Inhaber ein Recht zum Besitz.

Anwartschaftsrecht str.

Fraglich ist, ob das Anwartschaftsrecht ein Recht zum Besitz verleiht. Eine Ansicht bejaht dessen dinglichen Charakter und folglich ein Recht zum Besitz. Die Rspr. und Teile der Lit. sehen im Anwartschaftsrecht kein dingliches Recht und verneinen ein Recht zum Besitz (näheres siehe § 6, Das Anwartschaftsrecht). 130

hemmer-Methode: Diese Streitfrage stellt sich nur, wenn das Anwartschaftsrecht auf einen Dritten übertragen wird. Ansonsten steht dem originären Anwartschaftsberechtigten (z.B. Eigentumsvorbehaltskäufer) gegenüber dem Eigentümer (z.B. Eigentumsvorbehaltsverkäufer) nämlich bereits ein schuldrechtliches Recht zum Besitz (z.B. aus dem Kaufvertrag) zu.

Schuldrechtliche Verträge wirken nur relativ

Schuldrechtliche Rechtsbeziehungen wirken nur zwischen den beteiligten Vertragsparteien, d.h. relativ und nicht gegenüber Dritten. 131

> ***Bsp.:*** *D klaut das Fahrrad des E und verleiht es an B. Hat E gegen B einen Herausgabeanspruch nach § 985 BGB?*
>
> E ist Eigentümer und hat sein Eigentum auch nicht verloren. B ist unmittelbarer Besitzer.
>
> Fraglich ist, ob B dem E gegenüber ein Recht zum Besitz i.S.d. § 986 BGB hat. B hat aus dem schuldrechtlichen Leihvertrag zwar ein Recht zum Besitz, jedoch wirkt dieses nur gegenüber seinem Vertragspartner D und nicht gegenüber E. Daher sind die Voraussetzungen des § 985 BGB gegeben, E hat einen Herausgabeanspruch gegen B.

hemmer-Methode: Ein Recht zum Besitz aus einem schuldrechtlichen Vertrag besteht immer nur gegenüber dem eigenen Vertragspartner – das ist Auswirkung der Relativität der Schuldverhältnisse im Gegensatz zu der Absolutheit dinglicher Rechte!

Aus gesetzlichen Vorschriften

Auch aus gesetzlichen Vorschriften wie z.B. §§ 80, 148 InsO oder § 1626 BGB kann sich ein Besitzrecht ergeben. 132

§ 185 BGB analog

Gleiches gilt für den Fall, dass der Besitzer den Besitz von einem nicht berechtigten Dritten mit Genehmigung des Eigentümers gem. § 185 BGB analog erhalten hat. 133

Zurückbehaltungsrecht = Recht zum Besitz?

Fraglich ist, ob ein Zurückbehaltungsrecht (§§ 273, 1000 BGB) ein Recht zum Besitz darstellen kann. 135

H.M.: (-), da nur selbständiges Gegenrecht

Die h.M. sieht im Zurückbehaltungsrecht ein selbständiges Gegenrecht und kein Besitzrecht. Die Rspr. nimmt dagegen gelegentlich ein Recht zum Besitz an. Dies vermag wegen der Rechtsfolge der Zurückbehaltungsrechte aber nicht zu überzeugen. Denn diese Zurückbehaltungsrechte führen zu einer Verurteilung Zug um Zug, nicht zu einer Klageabweisung. Besteht ein Besitzrecht, muss eine auf § 985 BGB gestützte Klage aber abgewiesen werden. Auch die Rechtsprechung kommt im Ergebnis inkonsequenterweise aber immer zu einer Zug um Zug-Verurteilung. 136

hemmer-Methode: Diese Rechtsprechung ist auch in anderer Hinsicht widersprüchlich. Denn § 1000 BGB setzt einen Verwendungsersatzanspruch voraus, der aber nur dann besteht, wenn bei Vornahme der Verwendung eine Vindikationslage besteht (vgl. im Einzelnen unten, Rn. 230 ff.). Führte dieser Verwendungsersatzanspruch zu einem Recht zum Besitz, würde die Vindikationslage von da an wegfallen, so dass weitere Verwendungen nicht mehr ersatzfähig wären (sog. „Teufelskreisargument“). Das kann nicht gewollt sein.
Hierzu empfiehlt sich, die klausurorientierte Darstellung in „Die 50 wichtigsten Fälle Sachenrecht I“, Fall 9 durchzuarbeiten.

b) Abgeleitetes Besitzrecht nach § 986 I S. 1 2. HS BGB

Abgeleitetes Besitzrecht

Ein Recht zum Besitz kann sich auch aus einem Rechtsverhältnis zwischen dem Eigentümer und einem Dritten ergeben, von dem der jetzige Besitzer sein Besitzrecht ableitet (Dreiecksbeziehung). 137

Bsp. für Dreiecksbeziehung: *Eigentümer E leiht D (Dritter, späterer mittelbarer Besitzer) seinen Pkw, dieser verleiht ihn an B (jetziger unmittelbarer Besitzer und Besitzmittler in Richtung D). Hat E gegen B einen Anspruch nach § 985 BGB?*

Voraussetzungen des § 986 I S. 1 2. HS BGB

Voraussetzungen des abgeleiteten Besitzrechts gem. § 986 I S. 1 2. HS BGB: 138

⇨ Besitzmittlungsverhältnis (§ 868 BGB) zwischen dem Eigentümer und dem Dritten (jetzt mittelbarer Besitzer)

⇨ Besitzmittlungsverhältnis (§ 868 BGB) zwischen dem Dritten (jetzt mittelbaren Besitzer) und dem derzeitigen unmittelbaren Besitzer

⇨ Befugnis des Dritten (jetzt mittelbarer Besitzer) zur Weitergabe des Besitzes, vgl. § 986 I S. 2 BGB

In diesen Konstellationen hat der Besitzer den Besitz also von jemandem erworben, der selbst nicht Eigentümer der Sache ist.

hemmer-Methode: Wiederholen Sie die Voraussetzungen des Besitzmittlungsverhältnisses (§ 868 BGB) oben in Rn. 24:

1) konkrete vertragliche Absprache auf Zeit (kann auch unwirksam sein);

2) Fremdbesitzerwille;

3) potenzieller Herausgabeanspruch.

§ 986 I S. 2 BGB: Herausgabe nur an Dritten

Besteht kein abgeleitetes Besitzrecht, weil der Dritte (mittelbarer Besitzer) nicht zur Weitergabe befugt war, so kann der Eigentümer gemäß § 985 BGB grundsätzlich nur nach § 986 I S. 2 BGB (lesen!) die Herausgabe der Sache verlangen. 139

Formulierungsbeispiel

Lösung des Beispielfalls:

Ein Anspruch aus § 985 BGB besteht nicht, wenn D zur Weitergabe des Pkw befugt war und der Leihvertrag (§ 598 BGB) zwischen E und D noch besteht. Dann hat B ein abgeleitetes Besitzrecht gegenüber E aus § 986 I S. 1 2. HS BGB. War D dagegen nicht zur Weitergabe befugt, so hat B kein Besitzrecht gegenüber E. E hat dann einen Anspruch aus § 985 BGB, allerdings kann er grundsätzlich nach § 986 I S. 2 BGB nur Herausgabe an D verlangen (sofern dieser den Besitz übernehmen will oder wirklich übernehmen soll, immerhin hat er schon einmal die Sache weitergegeben!).

Ist eines der beiden Besitzmittlungsverhältnisse E-D/D-B (hier beides Leihverträge nach § 598 BGB) unwirksam, so hat B nach h.M. ebenfalls kein Recht zum Besitz und E kann Herausgabe nach § 985 BGB verlangen, im ersten Fall an sich selbst, im zweiten entsprechend § 986 I S. 2 BGB an D.

c) Die Sonderregelung des § 986 II BGB

§ 986 II BGB

Ausnahmsweise kann der Besitzer auch ohne eigenes oder abgeleitetes Besitzrecht nach § 986 II BGB die Herausgabe verweigern. § 986 II BGB setzt voraus, dass die Sache nach §§ 929, 931 BGB vom Eigentümer an einen Dritten veräußert wurde. 140

Bsp.: *E vermietet seinen Pkw für 3 Monate an M. Am gleichen Tag veräußert er den Pkw an D nach §§ 929, 931 BGB, indem er den künftigen Herausgabeanspruch aus § 546 BGB abtritt. Kann D von M Herausgabe verlangen?*

Formulierungsbeispiel

In Betracht kommt ein schuldrechtlicher Anspruch auf Herausgabe des Pkw gegen M. Diesen könnte D von E derivativ erworben haben, §§ 546 I, 398 BGB. Dieser schuldrechtliche Rückgabeanspruch ist aber vor Ablauf der Mietzeit noch nicht fällig. Das kann M dem D nach Abtretung gem. § 404 BGB entgegenhalten.

Außerdem könnte D einen dinglichen Herausgabeanspruch gegen M aus § 985 BGB haben, wenn er Eigentümer und M unrechtmäßiger Besitzer ist. Das Eigentum hat D gem. §§ 929, 931 BGB von E erworben. Fraglich ist aber, ob M gegenüber D ein Recht zum Besitz hat. Aus dem Mietvertrag steht M nur ein Besitzrecht gegenüber E zu. Auch ein von E abgeleitetes Besitzrecht scheidet aus, da E dem D gegenüber nicht mehr zum Besitz berechtigt ist.

Da M aber aufgrund des Mietvertrages für 3 Monate zum Besitz berechtigt gewesen wäre, wenn E Eigentümer geblieben wäre, bestimmt § 986 II BGB, dass M auch D gegenüber seine Einwendung aus dem Mietvertrag entgegenhalten kann. M muss den Pkw erst nach Ablauf der 3 Monate herausgeben.

Klausurtipp

hemmer-Methode: Da § 986 II BGB nur auf §§ 929, 931 BGB abstellt, ist er nur auf bewegliche Sachen anwendbar. Für Grundstücke gibt es aber Sondervorschriften, z.B. § 566 BGB bei der Miete, die den Erwerber in die Vermieterstellung einrücken lassen, so dass schon aus dem Mietverhältnis selbst ein Recht zum Besitz gegenüber dem Erwerber nach § 986 I BGB besteht.

§ 986 II BGB analog, wenn Übereignung nach §§ 929, 930 BGB

§ 986 II BGB gilt analog auch für den Fall, dass das Eigentum nicht nach §§ 929, 931 BGB, sondern nach §§ 929, **930** BGB veräußert wird. 141

II. Anspruchsinhalt

1. Herausgabe

Inhalt des § 985 BGB: Besitzverschaffung

§ 985 BGB ist auf Verschaffung des **unmittelbaren** Besitzes gerichtet. 142

Anspruchsgegner = mittelbarer Besitzer

Sofern der Anspruchsgegner **mittelbarer** Besitzer ist, richtet sich der Anspruch aus § 985 BGB zumindest auf Übertragung des mittelbaren Besitzes. Verwirklicht wird dies mittels Abtretung des Herausgabeanspruchs des mittelbaren Besitzers aus dem Besitzmittlungsverhältnis nach § 870 BGB. 143

Anspruchsinhalt auch unmittelbarer Besitz?

Umstritten ist, ob der Anspruch aus § 985 BGB gegen den mittelbaren Besitzer auch auf Herausgabe des unmittelbaren Besitzes gerichtet sein kann. Die h.M. bejaht einen solchen Anspruch aus vollstreckungsrechtlichen Gründen. 144

Vertiefung

hemmer-Methode: Eine genaue Darstellung würde den Rahmen dieses Skriptes sprengen. Eine umfassende Erörterung der Problematik findet sich in Hemmer/Wüst, Sachenrecht I, Rn. 285 ff.

2. Gegenstand der Herausgabe

Herausgabegegenstand: bewegl./unbewegl. Sachen

§ 985 BGB bezieht sich auf die Herausgabe von beweglichen und unbeweglichen Sachen, so dass auch die Einräumung des Besitzes eines Grundstücks verlangt werden kann. Somit steht § 985 BGB neben dem Grundbuchberichtigungsanspruch nach § 894 BGB, der nur die Einräumung der Grundbuchposition verschafft. 145

Geld

Gegenstand der Herausgabe kann auch Geld sein. I.d.R. geht aber das Eigentum am Geld nach §§ 948 II, 947 II BGB (gesetzlicher Eigentumserwerb) auf den Empfänger über. Zweifelhaft ist, ob in diesen Fällen das Geld noch herausgegeben werden kann. 146

> ***Bsp.:*** *Der geschäftsunfähige G kauft bei V einen MP3-Player für 100 €. V steckt den 100 € - Schein in seine Kasse, in der noch weitere 100 € - Scheine liegen. Kann G 100 € nach § 985 BGB herausverlangen?*

Formulierungsbeispiel

G könnte einen Anspruch gegen V auf Herausgabe des 100 € - Scheins nach § 985 BGB haben. 147

Dafür müsste G noch Eigentümer des 100 € - Scheins sein. Eine Übereignung nach § 929 BGB scheitert jedoch an der Geschäftsunfähigkeit des G, vgl. § 105 BGB.

Allerdings wurde der Geldschein mit dem Geld in der Kasse vermengt und kann nicht mehr identifiziert werden. Da das Geld in der Kasse in derartigen Fällen als Hauptsache anzusehen ist, hat G sein Eigentum nach §§ 948, 947 II BGB an V verloren.

Geldwertvindikation

Nach der früher vertretenen Lehre von der Geldwert**vindikation** soll aber dennoch ein Anspruch aus § 985 BGB bestehen. Denn bei Geld käme es nicht auf die Sache an sich, sondern auf den Wert an. Es wäre demnach also unerheblich, ob der Geldschein noch individualisierbar bei V vorhanden ist.

Diese Ansicht ist aber abzulehnen, da sie eine unangemessene Privilegierung des **Geld**-Gläubigers darstellen würde, der weiterhin als Eigentümer einen dinglichen Anspruch geltend machen könnte und daher z.B. in der Insolvenz wegen § 47 InsO (Aussonderungsrecht) und in der Zwangsvollstreckung wegen § 771 ZPO (Drittwiderspruchsklage) privilegiert wäre. Die Geldwertvindikation führt auch zu einer ungerechtfertigten Privilegierung von Bargeld gegenüber Buchgeld.

G hat demnach keinen Anspruch gegen V aus § 985 BGB.

Merke: Da der G aber sein Eigentum nicht ersatzlos verlieren soll, kann er Wertersatz nach §§ 951 I, 812 I S. 1 Alt. 2, 818 II BGB verlangen. Eine Geldwertkondiktion ist also möglich! (in Betracht kommt aber häufig Entreicherung, vgl. § 818 III BGB!)

III. Anwendbarkeit der Vorschriften des allgemeinen Schuldrechts

Anwendbarkeit der allg. Vorschriften str.

Die Anwendbarkeit der Vorschriften des allgemeinen Schuldrechts auf § 985 BGB ist im Einzelnen umstritten. 148

§ 242 BGB (+)

Der Grundsatz von Treu und Glauben nach § 242 BGB gilt auch für § 985 BGB. 149

§§ 280 I, III, 281 BGB (+)

Aus dem allgemeinen Leistungsstörungsrecht finden nach h.M. §§ 280 I, III, 281 BGB Anwendung, so dass der Eigentümer bei Nichtleistung Schadensersatz verlangen kann, wobei die Voraussetzungen der §§ 280 I, III, 281 BGB sowie der §§ 989, 990 BGB kumulativ (gleichzeitig) vorliegen müssen. 150

§§ 280 I, III, 283 BGB (-)

Dagegen finden §§ 280 I, III, 283 BGB keine Anwendung, weil ansonsten die in §§ 989, 990 BGB getroffene Privilegierung des redlichen und unverklagten Besitzers ausgehebelt werden könnte. 151

§ 285 BGB

Umstritten ist die Anwendbarkeit von § 285 BGB, der einen Anspruch auf das Surrogat (Ersatz) enthält. 152

Bsp.: *D stiehlt E ein Buch und veräußert es für 100 € an K. Kann E nach §§ 985, 285 BGB Herausgabe des Erlöses von D verlangen?*

H.M.: § 285 BGB nicht anwendbar

Die ganz h.M. lehnt die Anwendung von § 285 BGB ab. Letztlich sprechen drei Gründe gegen die Anwendbarkeit: 153

⇨ Beim Eigentümer entstünde eine Anspruchshäufung (Ansprüche nach § 985 BGB gegen jetzigen und §§ 985, 285 BGB gegen früheren Besitzer).

⇨ Früherer Besitzer wäre doppelt belastet (gegen Anspruch des Eigentümers aus §§ 985, 285 BGB und Anspruch des jetzigen Besitzers nach § 311a II BGB).

⇨ Die §§ 989, 990 BGB bilden eine abschließende Regelung für den Fall, dass die Sache nicht herausgegeben werden kann.

Im Fall kann somit E nur gegen K nach § 985 BGB vorgehen, da dieser wegen § 935 BGB kein Eigentum erwerben konnte. Ein Anspruch gegen D nach §§ 985, 285 BGB scheidet aus den oben genannten Gründen aus.

IV. Konkurrenzen

§ 985 BGB neben §§ 861, 1007 BGB

Der Herausgabeanspruch nach § 985 BGB kann neben den Herausgabeansprüchen des Besitzers aus §§ 861, 1007 BGB bestehen (sog. echte Anspruchskonkurrenz). Folglich kann ein Herausgabeverlangen dann auf alle drei Anspruchsgrundlagen gestützt werden. 154

Klausurtipp

hemmer-Methode: Sofern Herausgabeansprüche Gegenstand einer Klausur sind, sollten Sie daher an alle drei Anspruchsgrundlagen denken und diese durchprüfen. Die §§ 1007 I und II BGB sowie § 861 BGB bringen Pluspunkte!

§§ 812 ff., 823 ff. i.V.m. § 249 BGB

Neben § 985 BGB können auch Bereicherungs- (§§ 812 ff. BGB) und Schadensersatzansprüche (§§ 823 ff. i.V.m. § 249 BGB) geltend gemacht werden, soweit diese auf Herausgabe der Sache gerichtet sind. § 993 I a.E. BGB verdrängt nicht parallele Herausgabeansprüche, da nur schuldrechtliche Ansprüche auf Nutzungs-, Schadens- und Verwendungsersatz in den §§ 987 ff. BGB geregelt sind. 155

Merke: Die Sperrwirkung nach § 993 I a.E. BGB greift aber nur, wenn der Anspruchsinhalt mit den §§ 987 ff. BGB übereinstimmt (Schadens-, Nutzungs- oder Verwendungsersatz) und eine Vindikationslage (= Voraussetzungen des § 985 BGB) im Zeitpunkt der Tathandlung vorlag.

H.M.: § 985 BGB und vertragliche Herausgabeansprüche nebeneinander

Echte Anspruchskonkurrenz besteht nach ganz h.M. zwischen § 985 BGB und vertraglichen Rückgabeansprüchen (z.B. § 546 BGB). Grund dafür ist, dass ansonsten § 985 BGB fast nur bei abhanden gekommenen Sachen Anwendung finden würde. Die vertraglichen Herausgabeansprüche wollen aber nicht § 985 BGB verdrängen, sondern auch dem Nichteigentümer schuldrechtliche Herausgabeansprüche ermöglichen. 156

Vertiefung

Siehe dazu Fall 5 in „Die 50 wichtigsten Fälle Sachenrecht I".

Klausurtipp

hemmer-Methode: Merken Sie sich die wichtigsten Ansprüche auf Herausgabe im BGB: §§ 546, 604, 631 (ggü. dem Werkunternehmer nach Beendigung des Werks!) 695, 667 BGB; § 812; §§ 985, 861, 1007 BGB. Vergessen Sie auch die vertraglichen Herausgabeansprüche nicht, die über eine ergänzende Vertragsauslegung in Betracht kommen können, z.B. Rückforderung eines zu viel bezahlten Vorschusses. In der Klausur ist Denken von der Rechtsfolgenseite her gefordert!

V. Verjährung

Verjährung, §§ 194, 197 I Nr. 1 BGB

Das Eigentum als solches ist ein absolutes, d.h. gegen jedermann wirkendes Recht. Es ist kein Anspruch und verjährt somit nicht. 157

§ 985 BGB als Anspruch aus dem Eigentum unterliegt aber gem. § 194 I BGB der Verjährung. Die Verjährungsfrist beträgt gem. § 197 I Nr. 1 BGB 30 Jahre. In diesem Falle kann sich der Besitzer auf § 214 BGB (Einrede der Verjährung), nicht aber auf § 986 BGB stützen. Dadurch geht aber das Eigentum nicht auf den Besitzer über, so dass Eigentum und Besitz dauerhaft auseinanderfallen (Ausnahme Ersitzung, § 937 BGB).

Keine Verjährung bei Grundstücken wegen § 902 BGB

Die Verjährungsfrist des § 197 I Nr. 1 BGB gilt nur für bewegliche Sachen wegen § 902 BGB, der die Verjährung von Ansprüchen aus eingetragenem Recht (Grundstücke) ausschließt. 158

Klausurtipp

hemmer-Methode: Kommentieren Sie sich (soweit zulässig) § 902 BGB an § 197 I Nr. 1 BGB.

Besonderheit des § 198 BGB

Beachten Sie die besondere Vorschrift des § 198 BGB. Grundsätzlich gilt, dass mit Beendigung des Besitzes der Anspruch aus § 985 BGB erlischt und ein davon unabhängiger Herausgabeanspruch gegen den neuen Besitzer entsteht. § 198 BGB rechnet aber im Falle der Besitzübertragung mit dem Willen des bisherigen Besitzers (Rechtsnachfolge i.S.d. § 198 BGB) dem jetzigen Besitzer die Besitzzeit des bisherigen Besitzers an. 159

VI. Herausgabeort

Herausgabeort = Ort der Sache

Als Herausgabeort beim redlichen und unverklagten Besitzer gilt grundsätzlich der Ort, an dem sich die Sache befindet. Aus § 242 BGB kann sich auch eine Verpflichtung des Besitzers ergeben, die Sache an den Eigentümer zu versenden. 160

C. Haftungssystem des EBV

§§ 987 ff. BGB = schuldrechtliche Ansprüche

§ 985 BGB wird dem Eigentümer oftmals nicht genügen, um die erlittenen Einbußen abzudecken (z.B. bei Beschädigung der Sache). Insoweit kann er auf die Schadens- und Nutzungsersatzansprüche der §§ 987 ff. BGB zurückgreifen. 161

Dafür kann der Besitzer einen Anspruch auf Ersatz von getätigten Verwendungen nach §§ 994 ff. BGB haben.

I. Sinn und Zweck der §§ 987 ff. BGB

Zum Verständnis des Haftungssystems des EBV nach §§ 987 ff. BGB muss auf den Sinn und Zweck dieser Vorschriften zurückgegriffen werden. 162

Schutzzweck der §§ 987 ff. BGB: Schutz des redlichen Besitzers

Hauptzweck ist nach h.M. der Schutz des redlichen Besitzers, der gerade keine Kenntnis von seinem fehlenden Besitzrecht hat. Nur so kann ein sachgerechter Ausgleich zwischen den Interessen des Eigentümers und des Besitzers erfolgen.

Abschließende Regelung

Verwirklicht wird der Schutzzweck über § 993 I a.E. BGB (**Sperrwirkung des EBV**). Danach sind die §§ 987 ff. BGB grundsätzlich abschließend, soweit dort Ansprüche geregelt sind. 163

Ansprüche aus §§ 823 ff. BGB und §§ 812 ff. BGB finden somit hinsichtlich Schadens-, Nutzungs- und Verwendungsersatz neben §§ 987 ff. BGB grundsätzlich keine Anwendung.

Abgestuftes Haftungssystem

Zu beachten ist das abgestufte Haftungssystem des EBV, welches zwischen dem redlichen/unverklagten und unredlichen/verklagten Besitzer unterscheidet. 164

II. Anwendungsvoraussetzungen

Vindikationslage als Grundvoraussetzung

Voraussetzung für die §§ 987 ff. BGB ist immer das Bestehen einer **Vindikationslage**: Der Anspruchsteller ist Eigentümer, der Anspruchsgegner unrechtmäßiger Besitzer. 165

Die §§ 987 ff. BGB gelten darüber hinaus auch beim Bestehen eines Grundbuchberichtigungsanspruchs gem. § 894 BGB. Denn die Stellung des Buchberechtigten bei unbeweglichen Sachen gleicht der des unrechtmäßigen Besitzers bei beweglichen Sachen.

Zeitpunkt

Maßgebender Zeitpunkt für das Vorliegen der Vindikationslage ist grundsätzlich der Zeitpunkt des **schädigenden Ereignisses** (bzw. der **Nutzungsziehung** bzw. der **Verwendung**). Unerheblich ist es deshalb, wenn der Eigentümer sein Eigentum nach Entstehung des Anspruchs aus §§ 987 ff. BGB verliert und damit die Vindikationslage endet. 166

Merksatz: Maßgeblich für das Vorliegen der Vindikationslage ist der Zeitpunkt der Verletzungshandlung!!!

Formulierungsbeispiel

Merken Sie sich z.B. folgenden Obersatz als Leitfaden für Ihre Prüfung: 167

> „Ein Anspruch aus § 989 BGB setzt voraus, dass im Zeitpunkt der Verletzungshandlung, hier der Zerstörung der gestohlenen Sache bei dem Unfall, ein Eigentümer-Besitzer-Verhältnis (Vindikationslage) vorgelegen hat.“

Klausurtipp

hemmer-Methode: Das EBV ist häufig Prüfungsstoff in Examensklausuren und auch schon beim „großen BGB-Schein“. Meist wird ein gescheiterter Vertrag (z.B. wegen §§ 107, 108 BGB oder § 142 I BGB nach Anfechtung) Grund für eine Prüfung des EBV sein. Ist der Vertrag nichtig oder unwirksam, ist unrechtmäßiger Besitz gegeben!.

Anwendbarkeitsprobleme

Probleme bei der Anwendbarkeit der §§ 987 ff. BGB ergeben sich in folgenden Sonderfällen: 168

Figur des nicht-so-berechtigten Besitzers

Der nicht-so-berechtigte Besitzer: 169

Hier überschreitet der eigentlich berechtigte Besitzer sein Besitzrecht.

> **Bsp.:** *M mietet von V einen Pkw. Obwohl es im Mietvertrag ausgeschlossen ist, fährt er damit auf einer Rennstrecke.*

In solchen Konstellationen stellt sich die Frage, ob die §§ 985 ff. BGB, beispielsweise die §§ 989, 990 BGB im Falle der Beschädigung, anwendbar sind. Eigentlich hat M durch den Mietvertrag ein Besitzrecht gegenüber V.

Teilweise wird vertreten, dass der nicht-so-berechtigte Besitzer kein Besitzrecht i.S.d. § 986 BGB hat, so dass die Regelungen des EBV anwendbar sind. Die ganz h.M. lehnt diese Figur aber ab, so dass keine Vindikationslage vorliegt. Eine eventuelle Haftung richtet sich allein nach vertraglichen und deliktischen Ansprüchen. Diese Ansicht ist auch vorzugswürdig, da für die Anwendung der §§ 985 ff. BGB wegen der vertraglichen und deliktischen Haftung kein Bedürfnis besteht. Der Exzess des Besitzers berührt seine Besitzberechtigung nicht.

Vertiefung

Arbeiten Sie dazu Fall 10 in „Die 50 wichtigsten Fälle Sachenrecht I“ durch!

Nicht-mehr-berechtigter Besitzer

Der nicht-mehr-berechtigte Besitzer:

Die Figur des nicht-mehr-berechtigten Besitzers wendet der BGH bei Verwendungsersatzansprüchen des Werkunternehmers gegen den Eigentümer an, der nicht der Besteller ist. 170

> **Bsp.:** *B kauft bei E ein Auto unter Eigentumsvorbehalt. B soll Reparaturen selbst vornehmen lassen. Als der Motor defekt ist, bringt er das Auto zu W in die Werkstatt. W repariert das Fahrzeug. Da B zahlungsunfähig wird, tritt E wirksam vom Kaufvertrag zurück. W verlangt von E Verwendungsersatz gem. § 994 I BGB.*

Im Beispiel bestand im Zeitpunkt der Verwendung keine Vindikationslage, da der Werkunternehmer aufgrund abgeleiteten Besitzrechts rechtmäßiger Besitzer war, § 986 I S. 1 Alt. 2 BGB. Diese tritt erst später ein, als E vom Kaufvertrag zurücktritt. Dennoch bejaht der BGH einen Anspruch aus § 994 BGB.

Grund für die Ausnahme soll nach der Rspr. sein, dass der berechtigte Besitzer nicht schlechter gestellt werden darf als der von Anfang an nicht berechtigte Besitzer. Allerdings gilt diese Ausnahme nur in Drei-Personen-Verhältnissen, insbesondere zum Schutz des Werkunternehmers. Dagegen spricht, dass so der Werkunternehmer im Eigentümer einen zusätzlichen Schuldner erhält. „Ein Geschenk des Himmels!“

Vertiefung

Näher zu dieser schwierigen Problematik: Hemmer/Wüst, Sachenrecht I, Rn. 325 – 329 sowie Fall 24 in „Die 50 wichtigsten Fälle Sachenrecht I“!

Aufschwingen vom Fremd- zum Eigenbesitzer

Das Aufschwingen **vom Fremd- zum Eigenbesitzer:** *171*

Bei dieser Fallgestaltung schwingt sich der berechtigte Fremdbesitzer zum unberechtigten Eigenbesitzer auf.

Bsp.: *B veräußert ein von E geliehenes Fahrrad an D.*

Die h.M. sieht hier keine Auswirkungen auf die Rechtmäßigkeit des Besitzes und lehnt daher Ansprüche aus §§ 987 ff. BGB ab. Die Argumentation ist dieselbe wie bei der Figur des „nicht-so-berechtigten Besitzers“. Die vertraglichen wie gesetzlichen Haftungsansprüche sind nämlich ausreichend und es besteht kein Grund, den Besitzer in den Genuss der Privilegien des Haftungssystems der §§ 987 ff. BGB kommen zu lassen.

Vertiefung

Arbeiten Sie hierzu Fall 10 in „Die 50 wichtigsten Fälle Sachenrecht I“ durch.

Zusendung unbestellter Waren *172*

Zusendung unbestellter Waren

Die Zusendung unbestellter Waren von einem Unternehmer an einen Verbraucher ist in § 241a BGB geregelt. Nach § 241a I BGB wird dadurch kein Anspruch des Unternehmers gegen den Verbraucher begründet.

Der Empfänger unbestellter Waren erhält mangels Vertrag mit dem Eigentümer nur den Besitz an der Sache, aber kein Besitzrecht, so dass eine Vindikationslage vorliegt. § 241a I BGB schließt nach ganz h.M. aber auch gesetzliche Ansprüche wie z.B. aus EBV gegen den Verbraucher aus. Nur im Ausnahmefall des § 241a II BGB bleibt das EBV anwendbar.

Vertiefung

Lesen Sie hierzu Hemmer/Wüst, Sachenrecht I, Rn. 319 ff.

III. Bösgläubigkeit

1. Bösgläubigkeit

Bösgläubigkeit bzgl. Recht zum Besitz

Das Haftungssystem der §§ 987 ff. BGB differenziert zwischen redlichem und unredlichem Besitzer. Maßgebliches Kriterium ist hierfür die Gut- bzw. Bösgläubigkeit hinsichtlich des Bestehens eines Rechts zum Besitz (§ 986 BGB) gegenüber dem Eigentümer. 173

hemmer-Methode: Bezugspunkt für die Gutgläubigkeit ist ein Recht zum Besitz!

§ 990 I S. 1 BGB = Besitzerwerb; § 990 I S. 2 BGB = nach Besitzerwerb positive Kenntnis

In § 990 I BGB werden an die Bösgläubigkeit unterschiedliche Voraussetzungen geknüpft. Beim Besitzerwerb genügt für Bösgläubigkeit nach § 990 I S. 1 BGB grobe Fahrlässigkeit (wie § 932 II BGB), während nach Besitzerwerb gemäß § 990 I S. 2 BGB nur positive Kenntnis schadet. 174

§ 990 I S. 1 BGB gilt selbst nur für die Nutzungs- und Schadensersatzansprüche der §§ 987, 989 BGB. 175

Verweisungen der §§ 994 II, 996 BGB

Durch die Verweisung in §§ 994 II, 996 BGB auf den Zeitraum des § 990 BGB ist die Unterscheidung zwischen Gut- und Bösgläubigkeit aber auch für Ansprüche auf Verwendungsersatz relevant.

2. Bösgläubigkeit bei Einschaltung Dritter

Sofern Dritte/Gehilfen beim Besitzerwerb eingeschaltet werden, stellt sich die Frage, auf wessen Kenntnis hinsichtlich der Bösgläubigkeit abzustellen ist. 176

Kenntnis des Geschäftsherrn schadet immer!

Die eigene Bösgläubigkeit des Geschäftsherrn schadet immer, da er ansonsten durch Einschaltung eines Dritten (Besitzdiener oder Besitzmittler) die Bösgläubigkeit umgehen könnte. 177

Zurechnung Dritter?

Fraglich ist, ob und wie sich der Geschäftsherr die Bösgläubigkeit des Dritten zurechnen lassen muss. 178

Über das **Ob** der Zurechnung besteht Einigkeit, lediglich das **Wie**, d.h. nach welcher Vorschrift (und folglich auch mit welchen Voraussetzungen) eine Zurechnung erfolgt, ist umstritten.

H.M. § 166 I BGB analog

Die h.M. bejaht eine analoge Anwendung des § 166 I BGB. § 166 I BGB verlangt Stellvertretung und rechtsgeschäftliches Handeln. Bei dem Besitzbegründungswillen handelt es sich um einen **tatsächlichen Willen** und keine Willenserklärung (= Rechtsgeschäft), so dass eine direkte Anwendung des § 166 I BGB ausscheidet. Für eine Analogie bedarf es einer planwidrigen Regelungslücke und einer vergleichbaren Interessenlage. Die **Regelungslücke** sieht die h.M. darin, dass eine Zurechnung von tatsächlichem Willen im BGB nicht geregelt ist. Diese ist **planwidrig**, da eine Zurechnung nicht davon abhängig sein kann, ob sich der Besitzerwerb nach § 854 I oder II BGB vollzieht, denn im letzteren Fall greift § 166 BGB (rechtsgeschäftlicher Erwerb) direkt ein. Mit gleichem Argument und mit dem Gleichlauf der Zurechnung der Bösgläubigkeit zwischen §§ 932 ff. BGB und §§ 989, 990 BGB begründet die h.M. eine **vergleichbare Interessenlage**. *179*

hemmer-Methode: Versuchen Sie, mit den Voraussetzungen einer Analogie zu arbeiten und Ihre Argumentation daran auszurichten. Das Ergebnis ist dann zweitrangig.

§ 166 I BGB analog nur, wenn Dritter wie Vertreter auftritt

Einschränkend ist jedoch zu beachten, dass eine Analogie zu § 166 I BGB nur dann zur Anwendung kommt, wenn der Dritte **wie ein Vertreter** auftritt. § 166 I BGB ist nämlich bezüglich dieser Voraussetzung **nicht analogiefähig**. *180*

Wenn der Dritte hingegen nicht wie ein Vertreter auftritt, neigen Teile der h.M. dazu, § 831 BGB analog anzuwenden.

A.A.: § 831 analog

Nach a.A. ist stets § 831 BGB analog anzuwenden. Die Zurechnung von tatsächlichem Willen ist auch nach dieser Ansicht **planwidrig nicht geregelt** worden. Allerdings stellt sie auf den **vergleichbaren** Charakter des § 990 BGB mit Tatbeständen des Deliktsrechts ab, so dass dessen Regelungen eher passen. Nachteil dieser Ansicht ist aber, dass sich der Geschäftsherr seiner Haftung durch die Exkulpationsmöglichkeit des § 831 I S. 2 BGB relativ leicht entziehen kann. *181*

hemmer-Methode: Merken Sie sich, dass § 166 I BGB nur bei rechtsgeschäftlichem Handeln (z.B. Erwerb nach §§ 932 ff. BGB) direkt anwendbar ist, während die Norm bei tatsächlichem Handeln (z.B. § 990 I BGB) nur analog anwendbar ist.

Auch die Verschuldenszurechnung nach § 278 BGB ist beim Besitzerwerb durch eine Hilfsperson nur dann anwendbar, wenn ein Schuldverhältnis zwischen dem Geschäftsherrn (Besitzer) und dem Eigentümer besteht. Mit Besitzerwerb entsteht dann aber jedenfalls ein EBV, das ein Schuldverhältnis in diesem Sinne darstellt. Ab Besitzerwerb ist § 278 BGB also anwendbar.

Beispiel

Bsp.: *Der Angestellte V erwirbt für G bei D einen Computer. V weiß, dass D den Computer von E gestohlen hat. G ist gutgläubig, jedoch hat er V in letzter Zeit überhaupt nicht mehr kontrolliert und ihm bei seinen geschäftlichen Aktivitäten freie Hand gelassen. Als V den Computer zu G bringen will, lässt er ihn schuldhaft fallen. Kann E von G Schadensersatz nach §§ 989, 990 BGB verlangen?* 182

Formulierungsbeispiel

Lösung:

E könnte gegen G einen Anspruch nach §§ 989, 990 BGB haben. Dies setzt eine Vindikationslage im Zeitpunkt der Verletzungshandlung voraus. E war Eigentümer und ist auch wegen § 935 BGB Eigentümer geblieben (auch wenn D von E den Computer nur geliehen hätte, würde ein gutgläubiger Erwerb nach §§ 929, 932 BGB wegen Zurechnung des bösen Glaubens nach § 166 I BGB scheitern). Da V nur Besitzdiener war (§ 855 BGB), ist G Besitzer geworden. Ein Recht zum Besitz lag nicht vor. Damit ist eine Vindikationslage gegeben.

Zudem müsste G bei Besitzerwerb bzgl. seines Besitzrechts gem. § 990 I S. 1 BGB bösgläubig gewesen sein. G selbst war gutgläubig. Nach h.M. muss sich G aber den bösen Glauben von V nach § 166 I BGB analog zurechnen lassen. Aufgrund seiner Freiheiten ist V auch als Stellvertreter aufgetreten. Eine andere Ansicht wendet für eine Zurechnung § 831 BGB analog an. Letztlich kann eine Entscheidung des Meinungsstreits dahinstehen, da nach beiden Ansichten die Voraussetzungen für eine Zurechnung bestehen. Mangels ausreichender Überwachung kann sich G nämlich nicht gem. § 831 I S. 2 BGB exkulpieren.

G müsste auch schuldhaft gehandelt haben. Eigenes Verschulden des G scheidet aus. Da schon eine Vindikationslage im Zeitpunkt des schädigenden Ereignisses vorlag, bestand auch zwischen E und G ein (gesetzliches) Schuldverhältnis. V war auch Erfüllungsgehilfe des G, so dass sich G das Verschulden des V über § 278 BGB zurechnen lassen muss. Damit haftet G dem E aus §§ 990, 989 BGB.

hemmer-Methode: Die Entscheidung des Meinungsstreits kann – wie häufig – dahingestellt bleiben, wenn beide Ansichten zum selben Ergebnis führen. Zeigen Sie dem Korrektor, dass es gar nicht auf eine Entscheidung ankommt und so ihre Fähigkeit zu abwägendem Denken. Denken Sie in einer Klausur auch taktisch und schneiden Sie sich nicht weitere Problemkreise ab, indem Sie einer Mindermeinung folgen.

3. Bösgläubigkeit bei Minderjährigen

Minderjähriger

Auch beim Handeln von beschränkt Geschäftsfähigen ist umstritten, auf wessen Kenntnis hinsichtlich der Bösgläubigkeit abzustellen ist. Eine direkte Anwendung von § 166 I BGB scheidet aus denselben Gründen wie beim Besitzdiener/Besitzmittler aus. 183

E.A.: § 166 I BGB analog

Eine Ansicht vertritt eine analoge Anwendung des § 166 I BGB, so dass auf die Kenntnis der Eltern als gesetzliche Vertreter gem. §§ 1626,1629 BGB abzustellen wäre. 184

H.M.: Art der Besitzerlangung maßgeblich

Die h.M. differenziert demgegenüber danach, wie es zu der Besitzerlangung gekommen ist, denn auf diesen Zeitpunkt stellt ja § 990 I S.1 BGB ab: Hat der Minderjährige den Besitz durch deliktisches Verhalten erlangt, stellt man entsprechend § 828 BGB auf die Einsichtsfähigkeit des Minderjährigen ab. In dem Fall ist § 990 BGB deliktsähnlich. 185

Wurde dem Minderjährigen der Besitz aber auf Basis eines unwirksamen Vertrages eingeräumt (z.B. Mietvertrag), so ist gem. § 166 I BGB analog auf die Kenntnis der Eltern abzustellen. 186

hemmer-Methode: Beachten Sie wiederum, dass der gescheiterte Primäranspruch beim Minderjährigen - der Vertrag ist wegen §§ 107, 108 BGB unwirksam - zu typischen EBV-Problemen führt.

4. Erbenbesitz, § 857 BGB

Bei Erbenbesitz: §§ 857, 854 BGB

Beim Erbenbesitz ist zwischen dem fingierten Besitz nach § 857 BGB und dem tatsächlichen Besitzerwerb nach § 854 I BGB zu unterscheiden. Nach § 857 BGB erhält der Erbe dieselbe Besitzposition wie der Erblasser und „erbt“ damit auch dessen Bösgläubigkeit. 187

Erwirbt der Erbe den Besitz später tatsächlich gem. § 854 I BGB und ist dabei gutgläubig, so wird die vorherige durch § 857 BGB fingierte Bösgläubigkeit geheilt (umstritten).

5. Prozessbesitzer

Prozessbesitzer ab Rechtshängigkeit, §§ 261, 253 ZPO

Nach §§ 987, 989, 996 BGB wird der Prozessbesitzer (= verklagter Besitzer) dem bösgläubigen (= unredlichen) Besitzer **gleichgestellt**. Prozessbesitzer ist, wer die Sache nach Eintritt der Rechtshängigkeit in Besitz hat. Rechtshängigkeit liegt vor, wenn die bei Gericht eingereichte Vindikationsklage (= Geltendmachung des **§ 985 BGB** vor Gericht) dem Anspruchsgegner (= Besitzer) zugestellt worden ist (vgl. §§ 253, 261 ZPO). Grund für diese Gleichstellung mit dem unredlichen Besitzer ist, dass der Prozessbesitzer mit der Zustellung der Klage wie ein Bösgläubiger damit rechnen muss, dass er die Sache herauszugeben hat. 188

IV. Konkurrenzen

§ 993 I a.E. BGB

Die §§ 987 ff. BGB sind grundsätzlich hinsichtlich Schadens- und Nutzungs- und Verwendungsersatz abschließend, soweit eine Vindikationslage (= Vss. des § 985 BGB) überhaupt besteht. Dies ergibt sich aus § 993 I a.E. BGB („Sperrwirkung des EBV"). 189

1. Veräußerung/Verbrauch/Gesetzlicher Eigentumserwerb

Keine Sperrwirkung

Die Sperrwirkung greift nicht bei Ansprüchen wegen Veräußerung der Sache (§ 816 BGB) und deren Verbrauch (§ 812 I S. 1 Alt. 2 BGB). Der Verbrauch einer Sache ist keine Nutzung, da die Muttersache nicht erhalten bleibt. Als Rechtsfortwirkungsanspruch zu § 985 BGB gelten im Falle des gesetzlichen Eigentumserwerbs auch die §§ 951, 812 ff. BGB für die Ansprüche des Eigentümers gegen den Besitzer (= nunmehr gesetzlicher Eigentümer). Grund für die Anwendung ist, dass die §§ 987 ff. BGB nur bzgl. ihres Anspruchsinhalts (Schadens-, Nutzungs- und Verwendungsersatz) sperren und die Fälle von Verbrauch, Veräußerung und gesetzlichem Eigentumserwerb nicht regeln. 190

Auch die Ansprüche aus § 687 II BGB und § 826 BGB sind uneingeschränkt anwendbar, da der Besitzer hier nicht schutzwürdig ist.

2. §§ 823 ff. BGB

H.M.: Sperrwirkung gegenüber §§ 823 ff. BGB

Aus §§ 992, 993 I a.E. BGB folgt, dass grds. die §§ 823 ff. BGB mit Ausnahme des § 826 BGB von den §§ 987 ff. BGB verdrängt werden, wenn während des schadensbegründenden Ereignisses eine Vindikationslage bestand. 191

Grund dafür ist, dass die im EBV zum Ausdruck kommende Privilegierung für den redlichen und unverklagten Besitzer ansonsten unterlaufen werden könnte.

2 Ausnahmen:

Von diesem Grundsatz gibt es zwei Ausnahmen:

1.: § 992 BGB

Zum einen kraft Gesetzes: § 992 BGB erklärt die §§ 823 ff. BGB neben dem EBV für anwendbar, wenn sich der Besitzer die Sache mittels verbotener Eigenmacht (§ 858 BGB) oder durch eine strafbare Handlung verschafft hat. Dabei muss auch die verbotene Eigenmacht schuldhaft verübt worden sein. Ansonsten würde über § 992 BGB eine deliktische Haftung ohne Verschulden entstehen, da der deliktische Besitzer nach § 848 BGB auch für Zufall haftet. 192

2.: Fremdbesitzerexzess

Die §§ 823 ff. BGB gelten zum anderen auch für den Fall des Fremdbesitzerexzesses. Grund dafür ist der für ein Drei-Personen-Verhältnis in § 991 II BGB geregelte allgemeine Grundsatz, nach dem der redliche, unrechtmäßige Fremdbesitzer, der sein vermeintliches Besitzrecht überschreitet, nicht besser gestellt werden soll als ein rechtmäßiger Fremdbesitzer. Er soll dem Eigentümer wenigstens insoweit haften, als er im Falle eines bestehenden Vertrages haften würde. 193

> **Bsp.:** *Der unerkannt geisteskranke E vermietet seinen Pkw an den gutgläubigen B. Infolge eines von B schuldhaft verursachten Verkehrsunfalls wird das Auto zerstört. Kann E von B Schadensersatz verlangen?* 194

Formulierungsbeispiel

E könnte einen Anspruch auf Schadensersatz nach §§ 989, 990 BGB gegen B haben. E ist Eigentümer, B Besitzer des Pkw. Da der Mietvertrag nach §§ 104 Nr. 2, 105 I BGB nichtig ist, hat B auch kein Recht zum Besitz. Eine Vindikationslage liegt damit vor. Da E jedoch unerkannt geisteskrank war, ging B von der Wirksamkeit des Mietvertrages aus. Er war also gutgläubig hinsichtlich seines Rechts zum Besitz, so dass ein Anspruch aus §§ 989, 990 BGB ausscheidet.

Allerdings kommt ein Anspruch auf Schadensersatz nach § 823 I BGB wegen Eigentumsverletzung in Betracht. Dieser könnte jedoch nach § 993 I a.E. BGB ausgeschlossen sein, da das EBV hinsichtlich Schadensersatz abschließend ist.

Ein derartiger Ausschluss des Deliktsrechts wäre vorliegend aber unbillig. Wäre der Mietvertrag nämlich wirksam, so hätte E gegen B einen Anspruch auf Schadensersatz gem. § 280 I BGB und § 823 I BGB. Nach seiner Vorstellung darf er also gar nicht davon ausgehen, nicht für schuldhaft verursachte Schäden haften zu müssen. Ein Festhalten an der abschließenden Regelung der §§ 987 ff. BGB würde B besser stellen, als wenn er rechtmäßiger Besitzer wäre.

Dieser Wertungswiderspruch ist zu korrigieren, die §§ 823 ff. BGB sind anwendbar. Da B rechtswidrig und schuldhaft das Eigentum des E verletzt hat, haftet er nach § 823 I BGB.

3. §§ 812 ff. BGB

§§ 812 ff. BGB

Für die Frage, ob die §§ 987 ff. BGB auch für das Bereicherungsrecht abschließend sind, wird zwischen Nutzungs- und Verwendungsersatz differenziert. 195

Bei Nutzungen: Sperrwirkung

Soweit es sich um Nutzungsersatz (vgl. § 818 I BGB) handelt, werden nach h.M. die §§ 812 ff. BGB von §§ 987 ff. BGB als abschließende Regelung verdrängt. 196

Bei Verwendungen: grundsätzlich Sperrwirkung

Beim Verwendungsersatz bilden die §§ 994 ff. BGB eine abschließende Sonderregelung für das Verhältnis zwischen nicht besitzendem Eigentümer und nicht berechtigtem Besitzer auch insoweit, als sich Verwendungsersatzansprüche über Bereicherungsrecht und über §§ 951, 812 BGB herleiten lassen. Unstreitig ist dies, wenn eine Verwendung begrifflich tatsächlich vorliegt. 197

Str., wenn § 994 BGB wegen engem Verwendungsbegriff (-)

Umstritten ist jedoch, ob die abschließende Regelung auch dann gilt, wenn aufgrund des sog. „engen Verwendungsbegriffs" der Rspr. schon keine Verwendung und damit auch ein Anspruch nach §§ 994 ff. BGB nicht gegeben ist. 198

Definition Verwendungen

Verwendungen sind nach h.L. willentliche Vermögensaufwendungen, die der Sache zugutekommen sollen (weiter Verwendungsbegriff). Die Rspr. verlangt einschränkend, dass die Aufwendung die Sache nicht grundlegend verändern darf (enger Verwendungsbegriff). 199

Bsp.: *Der unerkannt geschäftsunfähige E verkauft und übereignet ein Grundstück notariell an B. B baut eine Villa auf das Grundstück. E verlangt nun Herausgabe des Grundstücks, B verweigert dies und möchte Verwendungsersatz. Anspruch des B?* 200

Formulierungsbeispiel

Lösung:

B könnte möglicherweise Ersatz nach § 996 BGB verlangen. Bei dem Hausbau auf fremdem Grundstück könnte es sich um eine nützliche Verwendung i.S.d. § 996 BGB handeln.

hemmer-Methode: Beachten Sie § 1001 BGB, wonach der Verwendungsersatzanspruch erst fällig wird, wenn der Eigentümer sie genehmigt oder die Sache wiedererlangt. Erst dann kann Zahlung verlangt werden! Vorher besteht aufgrund des Anspruchs nur ein Zurückbehaltungsrecht nach § 1000 BGB! Ein beliebtes Problem, auch für die mündliche Prüfung!

E ist aufgrund der unwirksamen Übereignung (§ 105 BGB!) Eigentümer geblieben und der Besitzer B hatte aufgrund des unwirksamen Kaufvertrags kein Besitzrecht gem. § 986 BGB. Folglich liegt eine Vindikationslage vor.

Weiterhin müsste überhaupt eine Verwendung des B gegeben sein. Nach dem BGH (enger Verwendungsbegriff, str.) scheidet eine solche aus, da B das Grundstück durch den Hausbau grundlegend verändert hat. Ein Anspruch aus §§ 994, 996 BGB besteht daher nicht.

B könnte aber einen Anspruch nach §§ 951, 812 I S. 1 Alt. 2 BGB wegen §§ 946, 94 BGB (der Eigentümer des Grundstücks hat Eigentum an der Villa erworben) haben. Fraglich ist, ob dieser Anspruch von der Sperrwirkung der §§ 994 ff. BGB erfasst wird:

Nach der vom BGH vertretenen Theorie der absoluten Sperrwirkung finden die §§ 951, 812 ff. BGB keine Anwendung.

Begründet wird dies damit, dass die Wertungen der §§ 994 ff. BGB nicht unterlaufen werden sollen. Auch die Interessenlage gebiete einen Ausschluss, da ansonsten auch ein bösgläubiger unrechtmäßiger Besitzer für Maßnahmen, die nicht unter den engen Verwendungsbegriff fallen, Ersatz verlangen könnte.

Die h.L. in der Lit. dagegen bejaht einen Wertersatzanspruch nach §§ 951, 812 ff. BGB für Aufwendungen, die nicht unter den engen Verwendungsbegriff fallen. Denn an eine derart weite Ausschlusswirkung müssten hohe Anforderungen gestellt werden, die aber der BGH nicht zu begründen vermag. Weiterhin sei eine Sperrwirkung grob unbillig, da dem Besitzer nur ein Wegnahmerecht nach § 997 BGB zustehe, welches wegen regelmäßig hoher Kosten keinen ausreichenden Schutz biete.

Vielmehr entspreche eine Lösung über die Grundsätze der aufgedrängten Bereicherung nach §§ 951, 812 ff. BGB besser den Interessen beider Parteien und nicht nur denen des Eigentümers.

Folgt man dem BGH, so besteht kein Anspruch.

Vertiefung

Eine umfassende Falllösung zu diesem Problem finden Sie in „Die 50 wichtigsten Fälle, Sachenrecht I“, Fall 22 und Fall 50.

4. Geschäftsführung ohne Auftrag

Berechtigte GoA = Recht zum Besitz

Auch gegenüber der GoA, §§ 677 ff. BGB, stellen die §§ 987 ff. BGB Sonderregelungen dar. Liegt aber in der Inbesitznahme eine berechtigte GoA, so gibt diese dem Besitzer ein Recht zum Besitz mit der Folge, dass keine Vindikationslage vorliegt. 201

5. Vertragliche Rückabwicklungsverhältnisse

Vertragsrecht geht §§ 987 ff. BGB vor, da Recht zum Besitz

Gegenüber dem vertraglich berechtigten Besitzer hat der Eigentümer schon wegen § 986 BGB keine Ansprüche nach §§ 987 ff. BGB. 202

Die Regelungen des Vertrages genießen Vorrang. Die Abwicklungsvorschriften des allgemeinen und besonderen Schuldrechts gehen als speziellere Regelungen dem EBV vor (lex-specialis-Grundsatz!).

D. Schadensersatz, §§ 989 ff. BGB

I. Redlicher unverklagter, unrechtmäßiger Besitzer

Keine Haftung

Der redliche unverklagte, aber unrechtmäßige Besitzer haftet grundsätzlich nicht nach §§ 989, 990 BGB (keine Bösgläubigkeit) und wegen der Sperrwirkung des § 993 I a.E. BGB auch nicht nach §§ 823 ff. BGB. 203

II. Unredlicher oderverklagter unrechtmäßiger Besitzer

Haftung bei Verschulden

Sofern ein Verschulden des Besitzers hinsichtlich des Umstandes, aufgrund dessen die Sache nicht herausgegeben werden kann, vorliegt, haftet dieser auf Schadensersatz nach §§ 990 I, 989 BGB im Falle der Bösgläubigkeit (unredlich) und nach § 989 BGB im Falle der Rechtshängigkeit (verklagt). 204

§§ 990 I, 989 BGB

<u>Prüfungsschema zu §§ 990 I, 989 BGB:</u> 205

⇨ Vindikationslage im Zeitpunkt der Verletzungshandlung

⇨ Verklagter (§ 989 BGB) oder bösgläubiger (§ 990 I BGB) Besitzer

⇨ Verschulden (§ 989 BGB i.V.m. § 276 BGB)

Klausurtipp

hemmer-Methode: Zitieren Sie korrekt: Beim Anspruch gegen den bösgläubigen Besitzer sind die richtigen Normen die §§ 990 I, 989 BGB und beim Anspruch gegen den verklagten Besitzer ist nur § 989 BGB Anspruchsgrundlage.

§ 990 I BGB Rechtsgrundverweisung

Die Verweisung von § 990 I BGB auf § 989 BGB ist insoweit eine **Rechtsgrundverweisung**, als das Verschulden des Besitzers bei der Beeinträchtigung der Herausgabepflicht gegeben sein muss (<u>teilweise</u> Rechtsgrundverweisung). 206

hemmer-Methode: Unterscheiden Sie zwischen Rechtsgrund- und Rechtsfolgenverweisung: Bei einer Rechtsgrundverweisung tritt die Rechtsfolge der Vorschrift, auf die verwiesen wird, nur ein, wenn ihr Tatbestand in allen Merkmalen verwirklicht wird. Die Rechtsfolgenverweisung nimmt nur auf die Rechtsfolge einer Norm Bezug, unabhängig davon, ob der Tatbestand dieser Vorschrift gegeben ist.

Verschulden

Das Verschulden ist bei §§ 990 I, 989 BGB zweimal zu prüfen: Zum einen i.R. der Bösgläubigkeit (§ 990 I BGB setzt grobfahrlässige Unkenntnis oder positive Kenntnis voraus, vgl. § 932 II BGB analog), zum anderen bei der schädigenden Handlung (§ 989 BGB). 207

Der Besitzer muss die Sache schuldhaft i.S.v. § 276 BGB beschädigt haben. Auch § 278 BGB und §§ 827, 828 BGB bzgl. des Handelns eines Minderjährigen sind anwendbar.

Haftung ohne Verschulden bei Verzug: §§ 990 II, 286 ff., 287 S. 2 BGB

Gerät der unredliche Besitzer mit der Herausgabepflicht nach §§ 990 II, 286 ff. BGB in Verzug, so haftet er auch ohne Verschulden: Gem. § 287 S. 2 BGB haftet der Verzugsschuldner auch für Zufall. § 990 II BGB gilt allerdings nur für den bösgläubigen, nicht für den verklagten Besitzer. 208

Klausurtipp

hemmer-Methode: Achten Sie bei § 990 II BGB auf die richtige Anspruchsgrundlage. Sofern ein Verzögerungsschaden (z.B. Rechtsanwaltskosten nach Verzug) geltend gemacht wird, ist ein Anspruch aus § 990 II BGB i.V.m. §§ 280 I, II, 286 BGB zu prüfen. Ist dagegen die Sache unverschuldet untergegangen, als sich der unredliche Besitzer im Verzug der Herausgabepflicht befand, so greifen die §§ 990 I, 989 BGB ein.

I.R. des Verschuldens ist dann zu prüfen, ob auch eine Haftung wegen Zufalls nach § 287 S. 2 BGB besteht. Dafür muss der Besitzer nach § 990 II BGB bösgläubig sein, zudem müssen die Verzugsvoraussetzungen vorliegen.

Vertiefung

Ein sehr anschauliches Fallbeispiel zu diesem Problem findet sich in „Die 50 wichtigsten Fälle Sachenrecht I“, Fall 17!

Umfang

Der Umfang des Schadensersatzanspruchs bestimmt sich nach §§ 249 ff. BGB. Nach §§ 989, 990 BGB ist der Schaden zu ersetzen, der dadurch entsteht, dass infolge Verschuldens die Sache verschlechtert wird, untergeht oder aus einem anderen Grunde nicht mehr herausgegeben werden kann. Nicht von §§ 989, 990 BGB umfasst ist der sog. Vorenthaltungsschaden, d.h. der Schaden, der dem Eigentümer dadurch entsteht, dass ihm die Sache für eine bestimmte Zeit durch den Besitzer vorenthalten wurde. Dieser kann aber im Falle des Verzugs über §§ 990 II, 280 I, II, 286 BGB geltend gemacht werden.

III. Deliktischer Besitzer, § 992 BGB

Deliktischer Besitzer

Nach § 992 BGB soll der Besitzer, der sich die Sache durch eine (schuldhafte) verbotene Eigenmacht oder eine Straftat verschafft hat, nicht nur nach §§ 989, 990 BGB, sondern auch nach §§ 823 ff. BGB haften. Damit kommt auch die Haftung für Zufall gem. § 848 BGB zur Anwendung. 209

hemmer-Methode: Beachten Sie, dass der Dieb bzgl. der Verletzungshandlung „Diebstahl“ nur nach den allgemeinen Vorschriften haftet, da in diesem Zeitpunkt noch keine Vindikationslage bestand, sondern erst begründet wurde. Die §§ 987 ff. BGB greifen aber in der Folgezeit.

Verjährung

Die Ansprüche aus §§ 989, 990 BGB und §§ 823 ff. BGB verjähren einheitlich nach der regelmäßigen Verjährungsfrist des § 195 BGB in drei Jahren. Der Verjährungsbeginn ergibt sich aus § 199 BGB. 210

E. Nutzungsherausgabe, §§ 987 ff. BGB

Nutzungen, § 100 BGB

Nutzungen sind in § 100 BGB legaldefiniert als Früchte (§ 99 BGB) einer Sache oder eines Rechts, sowie die Vorteile, welche der Gebrauch einer Sache oder eines Rechts gewährt. 211

§ 99 BGB differenziert hinsichtlich der Früchte einer Sache nach den unmittelbaren Sach- (§ 99 I BGB; z.B. Kalb in Bezug auf Kuh) und Rechtsfrüchten (§ 99 II BGB; z.B. vom Pächter geerntetes Getreide) und den mittelbaren Sach- (§ 99 III BGB; z.B. Pachtzinsen) und Rechtsfrüchten (§ 99 III BGB; z.B. Lizenzgebühr für ein Patent). Gebrauchsvorteile entstehen unabhängig davon, ob der Besitzer die Sache tatsächlich genutzt hat. Entscheidend ist die objektive Nutzungsmöglichkeit.

Da diese Gebrauchsvorteile nicht rückwirkend herausgegeben werden können, kommt als Nutzungsentschädigung regelmäßig nur Wertersatz in Betracht, der sich in der Höhe nach dem üblichen Miet- oder Pachtzins richtet.

Verbrauch/Veräußerung sind keine Nutzungen!

Eine Nutzung ist nur möglich, solange die „Muttersache“ (z.B. Kuh in Bezug auf Kalb) erhalten bleibt. Keine Nutzung ist daher die Veräußerung oder der Verbrauch der Muttersache, z.B. das Schlachten der Kuh. 212

hemmer-Methode: Es gilt der Merksatz: Nutzungen sind die Früchte des Gebrauchs und nicht des Verbrauchs!

Herausgabe/ Übereignung

Anspruchsinhalt der §§ 987 ff. BGB ist die Herausgabe der während einer bestehenden Vindikationslage gezogenen Nutzungen. Herausgabe kann auch Übereignung bedeuten, wenn der Besitzer durch gesetzlichen Erwerb (§§ 953 ff. BGB) Eigentum an einer Sache erworben hat, die er aber wegen §§ 987 ff. BGB nicht behalten darf. 213

I. Redlicher, unverklagter unrechtmäßiger Besitzer

1. Grundsatz des § 993 I BGB

Redlicher Besitzer

Der redliche und unverklagte unrechtmäßige Besitzer haftet nach § 993 I BGB grundsätzlich nicht auf Nutzungsersatz. 214

2. Ausnahme: Übermaßfrüchte, § 993 I BGB

Übermaßfrüchte

Gem. § 993 I BGB hat der redliche, unverklagte (entgeltliche) unrechtmäßige Besitzer die gezogenen Übermaßfrüchte nach Bereicherungsrecht herauszugeben, soweit er noch bereichert ist (<u>Rechtsfolgen</u>verweisung auf §§ 818 II, III BGB). Übermaßfrüchte sind solche Früchte, die i.R. einer ordnungsgemäßen Wirtschaft nicht als Ertrag einer Sache anzusehen sind (z.B. Kahlschlag des Waldes). 215

Ansonsten werden die §§ 812 ff. BGB hinsichtlich Nutzungsersatz von den §§ 987 ff. BGB verdrängt, § 993 I a.E. BGB.

3. Ausnahme: unentgeltlicher Besitzer, § 988 BGB

Unentgeltlicher Besitzer

Nach § 988 BGB hat der unentgeltliche unrechtmäßige Besitzer alle Nutzungen herauszugeben, soweit er noch bereichert ist (Rechtsfolgenverweisung auf §§ 818 II, III BGB). Grund dafür ist, dass der Besitzer keine Gegenleistung erbringt und daher weniger schutzwürdig ist. 216

hemmer-Methode: „Wie gewonnen, so zerronnen" gilt auch in anderen Bereichen des BGB: Vergleichbare examensrelevante Vorschriften, bei denen der Anspruchsgegner wegen Unentgeltlichkeit weniger Schutz erhält, sind §§ 816 I S. 2, 822 BGB.

Voraussetzungen des § 988 BGB

Prüfungsschema zu § 988 BGB: 217

- ⇨ Vindikationslage im Zeitpunkt der Nutzungsziehung
- ⇨ Eigenbesitz oder Fremdbesitz aufgrund eines vermeintlichen dinglichen oder schuldrechtlichen Nutzungsrechts
- ⇨ Unentgeltlicher Besitzerwerb
- ⇨ Redlicher / unverklagter Besitzer

Eigen- und Fremdbesitz

Nach dem Wortlaut gilt § 988 BGB nur für den Eigenbesitzer oder den Fremdbesitzer, der die Sache aufgrund eines vermeintlichen dinglichen Nutzungsrechts (z.B. Nießbrauch) besitzt. Entgegen dem Wortlaut ist nach h.M. aber auch ein vermeintliches schuldrechtliches Nutzungsrecht ausreichend. 218

Unentgeltlich

Ein **unentgeltlicher** Besitzerwerb liegt vor, wenn der Besitz ohne Gegenleistung erlangt wurden, sei es durch ein unentgeltliches Rechtsgeschäft (z.B. Schenkung), oder wenn sich der Besitzer die Sache selbst verschafft hat (z.B. irrtümliche Annahme von Herrenlosigkeit einer Sache). 219

4. Rechtsgrundloser Erwerb, § 988 BGB analog

Rechtsgrundlos = unentgeltlich?

Fraglich ist, ob i.R. von § 988 BGB der rechtsgrundlose Erwerb dem unentgeltlichen Erwerb gleichgestellt werden kann. 220

2-Personen-Verhältnis

Bsp.: *V verkauft und übereignet K einen Pkw. Nach einigen Wochen ficht K den Kaufvertrag und die Übereignung wegen Irrtums wirksam an. Kann V von K Nutzungsersatz verlangen?* 221

Formulierungsbeispiel

Lösung:

I. § 988 BGB

V *könnte* gegen K einen Anspruch nach § 988 BGB auf *Nutzungsersatz* haben. Dies setzt eine Vindikationslage voraus. V ist durch die Rückwirkung der Anfechtung bzgl. der Übereignung nach § 142 I BGB Eigentümer geblieben.

K ist Besitzer und hat auch wegen der Anfechtung des Kaufvertrages kein Besitzrecht i.S.v. § 986 BGB. Folglich liegt eine Vindikationslage vor. Des Weiteren verlangt § 988 BGB eine unentgeltliche Besitzerlangung. K hat den Pkw aber gekauft und bezahlt. Ein unentgeltlicher Besitzerwerb liegt also nicht vor, so dass § 988 BGB keine direkte Anwendung findet.

II. § 988 BGB analog

Fraglich ist, ob dieses Ergebnis der Billigkeit entspricht. V steht als Eigentümer des Pkw schlechter da, als wenn er sein Eigentum wirksam auf K übertragen hätte (in diesem Fall hätte er einen Anspruch auf Nutzungsersatz nach §§ 812 I S. 1 Alt. 1, 818 I, II BGB). Dieses Ergebnis ergibt keinen Sinn. V als Eigentümer hat weitreichende Befugnisse, § 903 S. 1 BGB, und ein stärkeres Interesse an Nutzungen an seiner Sache als ein Kondiktionsgläubiger.

Der Eigentümer darf nicht schlechter stehen als der bloße Kondiktionsgläubiger, deshalb findet nach dem BGH eine analoge Anwendung des § 988 BGB statt. Der rechtsgrundlose Erwerb wird dem unentgeltlichen Erwerb in § 988 BGB gleichgestellt. Da die §§ 987 ff. BGB nach der Rspr. eine abschließende Sonderregelung darstellen, die einen Rückgriff auf das allgemeine Bereicherungsrecht ausschließen, ist es nur konsequent, den § 988 BGB auf den rechtsgrundlosen Erwerb anzuwenden.

Die Literatur dagegen lehnt eine Analogie zu § 988 BGB wegen des Fehlens einer planwidrigen Gesetzeslücke ab und wendet stattdessen §§ 812, 818 I BGB direkt an. Die Sperre des § 993 I a.E. BGB greife nämlich aus obigen Wertungsgründen (Ungleichbehandlung des rechtsgrundlosen unrechtmäßigen Besitzers und des rechtsgrundlosen Eigentümers) nicht ein.

Letztlich kann eine Entscheidung des Meinungsstreits dahinstehen, da beide Ansichten zum gleichen Ergebnis führen: K muss V Nutzungsherausgabe nach § 988 BGB analog leisten. Sofern man der Lit. folgt, ergibt sich dasselbe aus §§ 812, 818 BGB.

Vertiefung

Lesen Sie dazu „Die 50 wichtigsten Fälle Sachenrecht I", Fall 16!

3-Personen-Verhältnis

Zu unterschiedlichen Ergebnissen führt der Meinungsstreit dagegen i.R. von Dreipersonenverhältnissen. 222

***Bsp.:** B erwirbt eine Sache rechtsgrundlos von D, der sie dem Eigentümer E gestohlen hat.*

Nach der Rspr. müsste B gem. § 988 BGB analog an den Eigentümer Nutzungsersatz leisten, ohne dass er diesem den an D gezahlten Kaufpreis entgegenhalten kann.

Wendet man hingegen mit der Literatur die §§ 812 ff. BGB an, ist dies für B vorteilhaft: E kann nämlich nicht direkt gegen B nach § 812 I S. 1 Alt. 2 BGB vorgehen, da zwischen B und D eine Leistungsbeziehung besteht und damit der Grundsatz der Subsidiarität der Eingriffskondiktion gilt. E muss sich also an D halten, der wiederum gegen B kondizieren kann (sog. Abwicklung übers Eck). Dabei kann B dem D den gezahlten Kaufpreis als Einwendung entgegenhalten. Diese Einwendung verliert B, wenn E nach § 988 BGB analog direkt gegen ihn vorgehen darf. Dieser Einwendungsverlust ist eines der wesentlichen Argumente, die die Literatur gegen die BGH-Auffassung anführt.

II. Unredlicher oder verklagter Besitzer, §§ 987, 990 BGB

Unredlicher Besitzer

Der unredliche Besitzer haftet dem Eigentümer nach §§ 990 I, 987 BGB, der Prozessbesitzer nach § 987 BGB auf Nutzungsersatz. 223

Voraussetzungen des § 987 I BGB

Prüfungsschema zu § 987 I BGB: 224

- ⇨ Vindikationslage im Zeitpunkt der Nutzungsziehung
- ⇨ Verklagter oder unredlicher (§ 990 I BGB) Besitzer
- ⇨ Tatsächlich nach Rechtshängigkeit oder Bösgläubigkeit gezogene Nutzung

Nach §§ 987 I, 990 I BGB hat der redliche oder verklagte Besitzer alle nach Bösgläubigkeit oder Rechtshängigkeit gezogenen Nutzungen herauszugeben. Ist die Herausgabe nicht mehr möglich, weil die Nutzung nicht mehr vorhanden ist (z.B. Gebrauchsvorteile), so ist Wertersatz zu leisten. Da § 987 BGB nicht auf das Bereicherungsrecht verweist, kann sich der Besitzer nicht auf Entreicherung nach § 818 III BGB berufen. 225

Voraussetzungen zu § 987 II BGB

Prüfungsschema zu § 987 II BGB: 226

- ⇨ Vindikationslage im Zeitpunkt der Nutzungsziehung
- ⇨ Verklagter oder unredlicher (§ 990 I BGB) Besitzer
- ⇨ Schuldhaft (§ 276 BGB) nicht gezogene Nutzungen nach Bösgläubigkeit/Rechtshängigkeit

§§ 987 II, 990 I BGB erstreckt die Haftung des unredlichen oder verklagten Besitzers auch auf die nach Bösgläubigkeit/Rechtshängigkeit schuldhaft nicht gezogenen Nutzungen, sofern der Besitzer sie i.R. einer ordnungsgemäßen Wirtschaft hätte ziehen können. 227

Merke: Auch hier haftet der unredliche Besitzer, anders als der Prozessbesitzer, im Falle des Verzugs für Zufall (§ 287 S. 2 BGB i.V.m. §§ 990 II, 280 I, II, 286 BGB). Zudem ist ein Schadensersatzanspruch gem. § 990 II BGB i.V.m. §§ 280 I, II, 286 BGB möglich.

§ 991 I BGB

Nach § 991 I BGB scheidet eine Nutzungsersatzpflicht für den unredlichen Fremdbesitzer, **der für einen Dritten besitzt**, ausnahmsweise aus, wenn sein Oberbesitzer (der Dritte) gutgläubig und unverklagt ist. Ratio legis des § 991 I BGB ist, den redlichen mittelbaren Besitzer (Dritter) zu schützen, der bei einer Nutzungsherausgabepflicht seines Besitzmittlers (= unmittelbarer Besitzer) von diesem in Regress (z.B. § 536 III BGB) genommen werden könnte. Droht kein Regress, weil der Besitzmittler nicht gegen seinen Besitzherren (= Dritter) vorgehen kann, ist auch § 991 I BGB nicht anzuwenden. Beachten Sie, dass § 991 I BGB nur für den unredlichen Besitzer gem. § 990 I BGB gilt, da § 987 BGB unabhängig von der Redlichkeit Anwendung findet. § 991 I BGB ist auch angesichts des klaren Wortlauts nur auf die Nutzungshaftung anwendbar. 228

Vertiefung

§ 991 I BGB ist eine sehr anspruchsvolle Norm. Lesen Sie deshalb zu § 991 I BGB „Die 50 wichtigsten Fälle Sachenrecht I“, Fall 14.

III. Deliktischer Besitzer, § 992 BGB

Deliktischer Besitzer

Der deliktische Besitzer haftet auch nach § 992 BGB i.V.m. §§ 823 ff. BGB. Der Umfang richtet sich nach §§ 249 ff. BGB. Gezogene Nutzungen sind in Natur (§ 249 I BGB) herauszugeben, ansonsten ist Wertersatz (§ 251 I BGB) zu leisten. 229

Beides gilt auch, wenn der Eigentümer die Nutzungen selbst nicht hätte ziehen können. Nicht gezogene Nutzungen sind nach §§ 992, 823 I, 252 BGB zu ersetzen, wenn der Eigentümer zur Nutzung in der Lage gewesen wäre.

Zur Wiederholung: Deliktischer Besitzer i.S.v. § 992 BGB ist derjenige, der sich eine Sache durch (schuldhaft) verbotene Eigenmacht oder eine gegen das Eigentum gerichtete Straftat verschafft hat.

F. Verwendungsersatz, §§ 994 ff. BGB

I. Verwendungen – Begriff/Arten

§§ 994 ff. BGB

Die §§ 994 ff. BGB lösen den Konflikt zwischen dem Interesse des Besitzers, Ersatz für die von ihm auf die Sache gemachten Aufwendungen zu erhalten, und dem Interesse des Eigentümers, keine für ihn sinnlosen Zahlungen leisten zu müssen. 230

Definition Verwendung

Der Begriff der Verwendung wird im Gesetz nicht legaldefiniert. Darunter ist jede willentliche Vermögensaufwendung zu verstehen, die der Sache zugutekommen soll (weiter Verwendungsbegriff der h.L.). Der BGH schränkt diese Definition ein, indem nur solche Aufwendungen unter den Verwendungsbegriff fallen, die die Sache als solche erhalten und nicht grundlegend verändern (enger Verwendungsbegriff; Standardbeispiel zur grundlegenden Veränderung ist der Hausbau auf einem bisher unbebauten Grundstück). 231

Verwendungsarten

Die Haftung nach §§ 994 ff. BGB knüpft zum einen an die Schutzwürdigkeit des Besitzers, zum anderen an die Art der Verwendung an. Hierbei sind notwendige (§ 994 BGB), nützliche (§ 996 BGB) und Luxusverwendungen zu unterscheiden. 232

Notwendige Verwendungen dienen Erhalt der Sache

Notwendige Verwendungen (§ 994 BGB) sind solche, die objektiv (bei vernünftiger wirtschaftlicher Betrachtungsweise) zur Erhaltung (z.B. Reparatur) oder ordnungsgemäßen Bewirtschaftung der Sache erforderlich sind, die also auch der Eigentümer selbst vernünftigerweise hätte vornehmen müssen. Dies umfasst auch die gewöhnlichen Erhaltungskosten gem. § 994 I S. 2 BGB und die Lasten gem. § 995 BGB. 233

Nützliche Verwendungen steigern Gebrauchsfähigkeit

Nützliche Verwendungen (§ 996 BGB) sind solche, die zwar nicht notwendig sind, aber den Wert der Sache objektiv erhöhen oder ihre Gebrauchsfähigkeit steigern (z.B. Einbau eines Autoradios). 234

Luxusverwendungen: nicht ersatzfähig

Luxusverwendungen sind solche, die weder notwendig noch nützlich sind.

hemmer-Methode: Wenn ein Verwendungsersatzanspruch ausscheidet, steht der Besitzer nicht ganz rechtlos da: Ihm bleibt das Wegnahmerecht nach § 997 BGB, das aber wegen der Verpflichtung aus § 258 BGB wenig vorteilhaft ist.

II. Redlicher / unverklagter Besitzer

1. Notwendige Verwendungen

Voraussetzungen des § 994 I BGB

Prüfungsschema zu § 994 I BGB: 235

- ⇨ Vindikationslage im Zeitpunkt der Verwendung
- ⇨ Unverklagter oder redlicher (§ 990 I BGB) Besitzer
- ⇨ Notwendige Verwendung

Der redliche / unverklagte Besitzer kann nach § 994 I S. 1 BGB Ersatz für seine notwendigen Verwendungen verlangen.

Für die Beurteilung der Notwendigkeit ist eine objektive Sichtweise maßgeblich. Insbesondere der Vergleich von § 994 I BGB mit § 994 II BGB zeigt, dass es erst im Rahmen der GoA nach § 683 BGB auf das Interesse und den Willen des Eigentümers (= Geschäftsherr) ankommt.

Erhaltungskosten/Lasten

Die gewöhnlichen Erhaltungskosten kann er aber nur verlangen, wenn er zur Herausgabe der Nutzungen nach § 988 BGB verpflichtet ist, § 994 I S. 2 BGB. Nach § 988 BGB muss aber nur der unentgeltliche (redliche / unverklagte) Besitzer die Nutzungen herausgeben, so dass regelmäßig nur ihm ein Anspruch auf die Erhaltungskosten nach § 994 I S. 2 BGB zustehen wird. Gleiches gilt für Lasten in § 995 BGB. Gewöhnliche Erhaltungskosten sind Aufwendungen, die in der Sache selbst begründet liegen und mit denen vernünftigerweise gerechnet werden muss. 236

Bsp. für gewöhnliche Erhaltungskosten sind die Futterkosten für eine Milchkuh oder die Kosten für eine Kfz-Inspektion.

Vertiefung

Siehe hierzu Fall 23 in „Die 50 wichtigsten Fälle Sachenrecht I“!

Zeitpunkt der Verwendung umstritten

Umstritten ist, ob auch eine Verwendung **vor** dem Bestehen einer Vindikationslage einen Verwendungsersatzanspruch nach den §§ 994 ff. BGB begründen kann. 237

Der BGH bejaht eine Anwendung der §§ 994 ff. BGB in Drei-Personen-Verhältnissen trotz Nichtbestehens einer Vindikationslage im Zeitpunkt der Vornahme der Verwendung. Ausreichend sei, dass eine Vindikationslage im Zeitpunkt des Herausgabeverlangens gegeben sei. Begründet wird dies damit, dass der anfangs berechtigte Besitzer gegenüber dem Eigentümer nicht schlechter gestellt werden soll als der von Anfang an unberechtigte Besitzer.

Die h.L. lehnt dies ab und sieht kein Bedürfnis für eine Ausnahme, da dem Eigentümer i.d.R. gegen den anfangs berechtigten Besitzer vertragliche Ansprüche zustehen.

Verwenderbegriff str.

An diese Problematik schließt sich die Streitfrage an, wer Verwender ist. Grundsätzlich ist Verwender derjenige, der den Verwendungsvorgang steuert. 238

Danach wäre ein Werkunternehmer, der die Reparatur einer Sache vornimmt, kein Verwender, da er nur seine Pflichten aus dem Werkvertrag erfüllt. Stattdessen wäre der Besteller der Verwender, da die Reparatur auf seine Rechnung erfolgt. Die Rspr. erweitert jedoch den Verwenderbegriff, so dass <u>auch</u> derjenige Verwender ist, der die Verwendung vorgenommen hat.

Vertiefung

Ein schwieriges Problem! Arbeiten Sie deswegen Fall 24 in „Die 50 wichtigsten Fälle Sachenrecht I“ sowie Hemmer/Wüst, Sachenrecht I, nach Rn. 411 durch (abschließender Fall zur Verwendungsproblematik)!

2. Nützliche Verwendungen

Voraussetzungen des § 996 BGB

<u>Prüfungsschema zu § 996 BGB</u> 239

⇨ Vindikationslage im Zeitpunkt der Verwendung

⇨ Unverklagter oder redlicher (§ 990 I BGB) Besitzer bei Verwendung

⇨ Nützliche Verwendung

Nach § 996 BGB kann der redliche / unverklagte Besitzer auch Ersatz der nützlichen Verwendungen verlangen, solange die Werterhöhung bei Herausgabe noch vorliegt.

Problem: wessen Sicht maßgeblich?

Fraglich ist auch hier, auf wessen Sicht bzgl. der Nützlichkeit der Verwendungen abzustellen ist. 240

Einerseits könnte man auf die subjektive Brauchbarkeit für den Eigentümer abstellen. Dafür spricht, dass sein Eigentum durch die Verpflichtung zum Verwendungsersatz nicht ausgehöhlt werden darf. Auch im Bereicherungsrecht gestattet man dem Bereicherungsschuldner die Berufung auf den Grundsatz der „aufgedrängten Bereicherung".

Andererseits ergibt sich aus den §§ 987 ff. BGB die Wertung, den redlichen / unverklagten Besitzer zu privilegieren. Insbesondere der Vergleich von § 994 I BGB mit § 994 II BGB spricht wohl dafür, bei § 996 BGB die Sicht des Besitzers maßgebend sein zu lassen, denn erst im Rahmen der GoA über § 994 II BGB kommt es nach § 683 BGB auf das Interesse und den Willen des Eigentümers (= Geschäftsherr) an. Die Abstufung in § 994 I, II BGB verfolgt aber gerade den Zweck, den redlichen (Abs. I) im Verhältnis zum bösgläubigen Besitzer (Abs. II) besser zu stellen. 241

hemmer-Methode: Auch hier gilt wieder: Lernen Sie keine Meinungsstreitigkeiten auswendig, sondern schärfen Sie ihr Problembewusstsein, um dann mit eigener Argumentation zu einem vertretbaren Ergebnis zu gelangen.
Wichtig ist vor allem, dass Sie die gesetzgeberische Grundkonzeption der §§ 987 ff. BGB verstanden haben und hieraus Ihre Argumentation entwickeln!

3. Luxusverwendungen

Luxusverwendungen

Bei Luxusverwendungen ist der Besitzer auf das Wegnahmerecht des § 997 BGB beschränkt. 242

4. Rechtsnachfolge

§ 999 BGB

Nach § 999 I BGB kann der Besitzer für Verwendungen seines Vorbesitzers in demselben Umfang Ersatz verlangen oder sein Wegnahmerecht (§ 997 BGB) ausüben, wie sein Vorbesitzer es könnte. 243

Grund für diese Regelung ist, dass der Besitzer die vom Vorbesitzer geltend gemachten Verwendungen regelmäßig mit dem an diesen gezahlten Kaufpreis abgegolten hat.

Gem. § 999 II BGB erstreckt sich der Verwendungsersatzanspruch auch auf den neuen Eigentümer, selbst wenn die Verwendungen vor dessen Erwerb getätigt worden sind.

III. Unredlicher oder verklagter Besitzer

1. Notwendige Verwendungen

Voraussetzungen des § 994 II BGB

Prüfungsschema für § 994 II BGB: 244

- ⇨ Vindikationslage im Zeitpunkt der Verwendung
- ⇨ Verklagter oder unredlicher (§ 990 I BGB) Besitzer
- ⇨ Notwendige Verwendung nach Rechtshängigkeit oder Bösgläubigkeit
- ⇨ Voraussetzungen der §§ 683, 670 BGB oder §§ 684, 818 BGB

Der verklagte / unredliche Besitzer kann die notwendigen Verwendungen nur ersetzt verlangen, wenn die Voraussetzungen der GoA erfüllt sind (Rechtsgrundverweisung) gem. § 994 II BGB. Entspricht die Verwendung dem Interesse und dem wirklichen Willen oder dem mutmaßlichen Willen des Eigentümers, so besteht ein Ersatzanspruch nach §§ 683, 670 BGB. Anderenfalls greift § 684 BGB, der wiederum auf § 818 BGB (Rechtsfolgenverweisung, Gefahr der Entreicherung, § 818 III BGB bzw. des Grundsatzes der aufgedrängten Bereicherung) verweist. 245

2. Nützliche Verwendungen/Luxusverwendungen

Wegnahmerecht § 997 BGB

Der unredliche / verklagte Besitzer ist in diesen Fällen auf das Wegnahmerecht nach § 997 BGB beschränkt. 246

3. Rechtsnachfolge, § 999 BGB

§ 999 BGB

Für den unredlichen / verklagten Besitzer gilt auch bzgl. der Rechtsnachfolge § 999 BGB. 247

IV. Deliktischer Besitzer

Deliktischer Besitzer

Auch der deliktische Besitzer kann Ersatz seiner notwendigen Verwendungen nach GoA verlangen, §§ 994 II, 683, 684 BGB. Dies gilt sogar für die gewöhnlichen Erhaltungskosten und Lasten, da er die Nutzung herausgeben muss. 248

Nützliche Verwendungen und Luxusverwendungen bekommt er aber nicht ersetzt. Dem deliktischen Besitzer bleibt also lediglich das Wegnahmerecht aus § 997 BGB.

V. Geltendmachung des Verwendungsersatzanspruchs

Fälligkeit, § 1001 BGB

Ein Verwendungsersatzanspruch nach §§ 994 ff. BGB gibt dem Besitzer zunächst nur ein Zurückbehaltungsrecht nach § 1000 BGB. Nach § 1003 BGB steht dem Besitzer auch ein Recht zu, sich wegen der Verwendungen aus der Sache zu befriedigen (Befriedigungsrecht). § 1000 BGB als Sonderregelung zu § 273 BGB ist deshalb erforderlich, weil nur ein fälliger Anspruch zu einem Zurückbehaltungsrecht i.S.v. § 273 BGB führt. Der Verwendungsersatzanspruch wird jedoch erst unter den Voraussetzungen des § 1001 BGB fällig (Rückgabe oder Genehmigung). § 1000 BGB gibt dem Besitzer aber bereits vorher ein Zurückbehaltungsrecht. 249

Fällig und damit klageweise durchsetzbar wird der Verwendungsersatzanspruch nach § 1001 BGB erst dann, wenn der Eigentümer die Verwendung genehmigt oder die Sache wiedererlangt.

Erlöschen nach § 1002 BGB

Nach § 1002 BGB erlischt der Anspruch mangels Genehmigung oder gerichtlicher Geltendmachung mit Ablauf eines Monats nach Herausgabe der Sache (bei Grundstücken in 6 Monaten). 250

§ 4 Beseitigungs- und Unterlassungsanspruch aus § 1004 BGB

A. Einführung

§ 1004 BGB = dinglicher Anspruch

§ 1004 BGB ist ein aus dem Eigentum an beweglichen und unbeweglichen Sachen abgeleiteter dinglicher Anspruch. § 1004 I BGB gibt dem Eigentümer gegen den Störer einen verschuldensunabhängigen Anspruch, wenn das Eigentum in anderer Weise als durch Entziehung oder Vorenthaltung des Besitzes beeinträchtigt wird (hier greift der Schutz über §§ 985 ff. BGB). Dabei ist zwischen dem auf die Gegenwart bezogenen Beseitigungsanspruch (§ 1004 I S. 1 BGB) und dem auf die Zukunft bezogenen Unterlassungsanspruch (§ 1004 I S. 2 BGB) zu unterscheiden. § 1004 II BGB stellt einen Ausschlussgrund für beide Ansprüche aus § 1004 I BGB dar. 251

§ 1004 BGB wird auch „negatorischer" Anspruch genannt. Dies bedeutet „zur Störungsabwehr".

Anspruchsinhalt des § 1004 I BGB; kein Verschulden nötig

§ 1004 I BGB zielt nicht auf den Ersatz auf Schäden. Das Haftungssystem des deutschen Rechts macht den Ersatz von Schäden grundsätzlich vom Verschulden des Haftenden abhängig. Nur ausnahmsweise gilt eine verschuldensunabhängige Garantie- oder Gefährdungshaftung, die im Gesetz ausdrücklich und abschließend geregelt ist. Folglich kann es über § 1004 I BGB als verschuldensunabhängigem Anspruch keinen Schadensersatzanspruch geben. Möglich ist jedoch ein Anspruch auf Schadensersatz nach den §§ 823 ff., 989 ff., 687 II BGB unter deren Voraussetzungen. 252

hemmer-Methode: Unterscheiden Sie die Beseitigung von einer Wiederherstellung i.S.d. schadensersatzrechtlichen Naturalrestitution. Typisches Beispiel ist ein Unfall, bei dem der Fahrer von der Straße abkommt, den Gartenzaun eines anderen durchbricht und auf dem Rasen zum Stehen kommt. Nach § 1004 BGB kann der Grundstücksbesitzer nur Beseitigung der Störung, d.h. Beseitigung des Wagens des Unfallverursachers verlangen, nicht aber Reparatur des Zaunes. Dieser Anspruch ist nach §§ 823 ff BGB geltend zu machen. Die Abgrenzung kann im Einzelfall schwierig sein. Beachten Sie immer, dass ohne Verschulden des Störers nicht durch die Hintertür des § 1004 BGB eine Naturalrestitution durchgesetzt werden kann.

§ 1004 BGB = Schutzgesetz i.S.v. § 823 II BGB

Nach h.M. ist § 1004 BGB ein Schutzgesetz i.S.v. § 823 II BGB. Somit könnte bei einer Verletzung des § 1004 BGB ein Schadensersatzanspruch gegeben sein, was aber ein Verschulden voraussetzt, § 823 II S. 2 BGB. 253

§ 894 BGB

Der Grundbuchberichtigungsanspruch nach § 894 BGB stellt gegenüber § 1004 BGB eine **Spezialregelung** dar, so dass trotz bestehender Eigentumsbeeinträchtigung in anderer Weise ein Anspruch aus § 1004 BGB entfällt. 254

Klausurtipp

Kommentieren Sie sich (soweit zulässig) § 894 BGB an § 1004 BGB.

B. Anwendungsbereich

Anwendungsbereich von § 1004 I BGB

Der Anwendungsbereich von § 1004 I BGB wird durch zahlreiche Verweisungen erweitert: 255

Verweisungen auf § 1004 I BGB:

- ⇨ § 1027 BGB: Grunddienstbarkeit
- ⇨ § 1090 II, 1027 BGB: beschränkt persönliche Dienstbarkeit
- ⇨ § 1065 BGB: Nießbrauch
- ⇨ § 1227 BGB: Pfandrecht
- ⇨ § 11 I ErbbauRG: Erbbaurecht
- ⇨ weitere Verweisung: § 34 II WEG (Dauerwohnrecht)

Rechtsgüter des § 823 I BGB: quasinegatorischer Abwehranspruch

Erhebliche Bedeutung hat § 1004 I BGB analog i.V.m. § 823 I BGB als sog. quasinegatorischer Abwehranspruch für die Fälle der Beeinträchtigung der in § 823 I BGB geschützten Rechtsgüter und absoluten Rechte. Unterlassungsansprüche können also über den Gesetzeswortlaut hinaus auch bestehen, wenn die Verletzung eines der in § 823 I BGB genannten Rechtsgüter oder eines Schutzgesetzes i.S.v. § 823 II BGB droht. 256

Das gilt auch bezüglich der so genannten Rahmenrechte, also bei einer drohenden Verletzung des allgemeinen Persönlichkeitsrechts oder des „eingerichteten und ausgeübten Gewerbetriebs“.

C. Voraussetzungen

I. Übersicht

Voraussetzungen des § 1004 I BGB

Prüfungsschema zu § 1004 BGB: 257

- ⇨ Anspruchsteller ist Eigentümer
- ⇨ Eigentumsbeeinträchtigung
- ⇨ Anspruchsgegner ist Störer
- ⇨ keine Duldungspflicht (§ 1004 II BGB)

II. Eigentum des Anspruchstellers

Eigentümer = Anspruchsteller

Der Anspruchsteller muss der Eigentümer der beeinträchtigten Sache sein. Bloß obligatorisch Berechtigte (z.B. Mieter) werden nur über § 862 BGB als Besitzer geschützt. Dagegen schützt § 1004 BGB das Eigentum an beweglichen und unbeweglichen Sachen. 258

III. Eigentumsbeeinträchtigung

Beeinträchtigung = jede Einwirkung auf Herrschaftsmacht

Unter Eigentumsbeeinträchtigung versteht man jede Einwirkung auf die Herrschaftsmacht des Eigentümers (vgl. § 903 BGB). Darunter fallen rechtliche sowie tatsächliche Beeinträchtigungen des Eigentümers, soweit sie nicht von § 985 BGB erfasst werden. 259

1. Tatsächliche Einwirkungen auf die Sache selbst

Tatsächliche Einwirkungen

Eine tatsächliche Einwirkung auf die Sache selbst liegt vor: 260

- ⇨ wenn die Sache beschädigt, umgestaltet oder verändert wird
- ⇨ wenn Handlungen des Störers auf seinem Grundstück auf das Nachbargrundstück wirken, vgl. §§ 907-910 BGB (gelten neben § 1004 BGB)
- ⇨ wenn die Sache unbefugt benutzt wird
- ⇨ wenn grenzüberschreitende unwägbare Stoffe (sog. Imponderabilien) zugeführt werden i.S.v. § 906 BGB
- ⇨ wenn grenzüberschreitende wägbare Stoffe (sog. Grobimmissionen) zugeführt werden.

Einwurf unerwünschter Werbung

Ebenfalls einen Fall der tatsächlichen Einwirkung i.S.d. § 1004 I BGB stellt der Einwurf unerwünschter Werbung in den Briefkasten dar, wenn der Empfänger dies mittels Aufkleber untersagt hat. 261

2. Beeinträchtigungen der Nutzungsbefugnis

Nutzungsbeeinträchtigung

Sofern der Eigentümer in der Ausübung des ihm zustehenden Nutzungsrechts (§ 903 BGB) be- oder verhindert wird, liegt eine Eigentumsbeeinträchtigung vor (z.B. Zuparken des Pkw). 262

3. Rechtliche Beeinträchtigungen

Rechtliche Beeinträchtigungen

Eine rechtliche Eigentumsbeeinträchtigung ist gegeben, wenn ein unmittelbarer Angriff auf das Eigentumsrecht vorliegt oder ein unbefugter Dritter fremde Eigentumsrechte für sich in Anspruch nimmt. 263

Angriff auf Eigentumsrecht

Ein unmittelbarer Angriff auf das Eigentumsrecht kann darin liegen, dass der Störer ein das Eigentum beschränkendes Recht in Anspruch nimmt oder fremdes Eigentum bestreitet. 264

> **Bsp.:** *D behauptet gegenüber Dritten, dass das im Besitz des E stehende Gemälde ihm gestohlen worden sei.*

Eine unbefugte Inanspruchnahme fremder Eigentumsrechte stellt der Eingriff in wirtschaftliche Verwertungsrechte des Eigentümers dar. 265

> **Bsp.:** *Fotograf S macht heimlich Aufnahmen des Schlosses Tegel, dass nicht frei einzusehen ist, und verwertet die Aufnahme gewerblich durch Ansichtskarten.*
>
> Der BGH hat hier eine Eigentumsbeeinträchtigung bejaht, weil das Schloss nicht von außen sichtbar war, sondern der Fotograf hierfür unberechtigt das Grundstück betreten musste. Kein Fall des § 1004 BGB liegt daher jedenfalls vor, wenn das Objekt frei einzusehen ist und von der öffentlichen Straße aus fotografiert wird.

4. Keine Eigentumsbeeinträchtigung

Keine Beeinträchtigung

Keine Eigentumsbeeinträchtigung i.S.d. § 1004 BGB liegt nach h.M. bei ideellen oder negativen Einwendungen vor. 266

Ideelle Einwirkungen

267 Unter ideellen Einwirkungen versteht man Beeinträchtigungen ästhetischer Art (z.B. Schrottplatz neben Hotel oder Bordell auf Nachbargrundstück). Hier mangelt es nach h.M. an einer grenzüberschreitenden Immission, soweit nur das „sittliche Empfinden" betroffen ist.

Negative Einwirkungen

268 Negative Beeinträchtigungen sind solche, die gewisse Vorteile eines Nachbargrundstücks entziehen durch ein anderes Grundstück, das innerhalb seiner Grenzen genutzt wird (z.B. Entzug von Licht oder Abhalten von Fernsehwellen).

Bei wesentlichen Beeinträchtigungen kommt aber ausnahmsweise ein Abwehranspruch über § 242 BGB (Rspr.) bzw. § 906 BGB analog (Lit.) in Betracht.

5. Sonderfall: Naturkräfte

Naturkräfte

269 Auch Naturkräfte stellen eine Eigentumsbeeinträchtigung dar. Fraglich ist aber, ob ein Störer für diese verantwortlich gemacht werden kann (dazu Rn. 272 ff., insbesondere 276).

6. Maßgeblicher Zeitpunkt

Beeinträchtigung im Zeitpunkt der Geltendmachung

270 Im Zeitpunkt der Geltendmachung des Beseitigungsanspruchs nach § 1004 I S. 1 BGB muss eine Beeinträchtigung noch vorliegen. Bei Beendigung kommt nur ein Schadensersatzanspruch in Betracht, sofern nicht eine Wiederholung zu befürchten ist (dann Unterlassungsanspruch nach § 1004 I S. 2 BGB).

Bei Drohen: Unterlassungsanspruch gem. § 1004 I S. 2 BGB

271 Liegt noch gar keine Beeinträchtigung vor, droht sie aber, steht dem Eigentümer der Unterlassungsanspruch nach § 1004 I S. 2 BGB zu. Dabei genügt nach ganz h.M. eine erstmals drohende Beeinträchtigung. Eine Wiederholung der Beeinträchtigung ist dagegen nicht zwingend, da nur so ein lückenloser Eigentumsschutz gewährleistet werden kann.

IV. Störer

Anspruchsgegner ist Störer

272 Anspruchsgegner des Anspruchs aus § 1004 I BGB ist der Störer. Der BGH definiert diesen Begriff mangels gesetzlicher Regelung als eine Person, auf deren Willen der beeinträchtigende Zustand zurückgeht oder von deren Willen die Beseitigung abhängt.

Entscheidend ist der Wille. Störer ist letztlich derjenige, dem die Beeinträchtigung zugerechnet werden kann, unabhängig vom Verschulden.

Man unterscheidet zwischen zwei Arten von Störern: 273

Handlungsstörer

Einerseits gibt es den Handlungsstörer, welcher die Eigentumsbeeinträchtigung durch sein Verhalten (aktives Tun oder pflichtwidriges Unterlassen) adäquat kausal verursacht hat. Es genügt die mittelbare Verursachung der Störung, sofern der mittelbare Störer die Macht hatte, die Beeinträchtigung verhindern zu können (z.B. Unternehmer ist Handlungsstörer, auch wenn Angestellter tätig wurde, wenn diese Handlung auf Weisung des Unternehmers erfolgte).

Zustandsstörer

Andererseits gibt es den Zustandsstörer, welcher die Herrschaft über eine gefahrbringende Sache ausübt, durch welche die Störung allein oder mitverursacht wird, wenn die Beseitigung der Störung vom Willen des Störers abhängt. Voraussetzung ist daher, dass der Störer aufgrund seiner Herrschafts- und Einwirkungsbefugnis den störenden Zustand beseitigen kann. Daher kann auch der Besitzer neben dem Eigentümer der störenden Sache Störer sein. 274

Klausurtipp

hemmer-Methode: Die Störer-Problematik stellt sich auch im Polizeirecht. Entlasten Sie ihr Gedächtnis und lernen Sie die Rechtsgebiete nicht isoliert. Dies sorgt für ein besseres Verständnis und spart Zeit. Die Abgrenzung zwischen Handlungs- und Zustandsstörer ist schwierig. Versuchen Sie, die im Sachverhalt angesprochenen Angaben in ihre Arbeit einfließen zu lassen. Ein „richtiges“ Ergebnis gibt es oftmals nicht. Es zählt die Begründung!

Weder begründet allein das Eigentum an der störenden Sache die Zustandsstörerhaftung, noch lässt die Aufgabe desselben die Zustandsstörerhaftung entfallen. 275

Bei Naturkräften: grundsätzlich keine Verantwortlichkeit

Bei Naturkräften fehlt es i.d.R. am Willen des Störers, so dass § 1004 I BGB ausscheidet. Etwas anderes gilt aber, wenn der Eigentümer/Besitzer des Grundstücks, von dem aus die Naturkräfte wirken, diese durch eine Handlung mitverursacht oder ermöglicht hat und der so geschaffene Zustand eine Gefahrenquelle gebildet hat. 276

> **Bsp.:** *Nach einem leichten Erdbeben bricht ein Teil der Staumauer eines Stausees ab, die vom Betreiber und Eigentümer F nicht erdbebensicher gebaut ist. Das Haus des E wird überflutet.*

Obwohl die Beeinträchtigung durch Naturkräfte (Erdbeben) verursacht worden ist, ist F als Zustandsstörer anzusehen, da er die Mauer nicht erdbebensicher gebaut hat und damit eine Gefahrenquelle geschaffen hat.

Vertiefung

Zur umfassenden Lösung und weiteren Problemen des § 1004 BGB in der Fallbearbeitung siehe „Die 50 wichtigsten Fälle Sachenrecht I“, Fall 26! Vertiefend zu diesem Problem auch die zahlreichen Beispiele in Hemmer/Wüst, Sachenrecht I, Rn. 446 ff.

Mehrheit von Störern

Bei einer Mehrheit von Störern besteht der Anspruch aus § 1004 BGB unabhängig vom Tatbeitrag gegen jeden einzelnen Störer. Allerdings ist der Anspruchsinhalt je nach Tatbeitrag zu bestimmen. **277**

Rechtsnachfolger

Auch der Rechtsnachfolger des Störers ist selbst Störer (Anspruchsverpflichteter), solange der störende Zustand noch fortdauert und der Rechtsnachfolger zur Beseitigung der Störung in der Lage ist. Gleiches gilt für den Rechtsvorgänger, d.h. ihm muss eine Beseitigung möglich sein, um Anspruchsgegner sein zu können. **278**

V. Duldungspflicht

§ 1004 II BGB

Nach § 1004 II BGB ist ein Anspruch aus § 1004 I BGB ausgeschlossen, wenn eine Duldungspflicht besteht, d.h. die Beeinträchtigung rechtmäßig ist. Folglich muss für § 1004 I BGB eine rechtswidrige Beeinträchtigung vorliegen, die aber durch das Vorliegen einer Beeinträchtigung indiziert wird. Die Rechtmäßigkeit muss der Störer im Prozess beweisen. **280**

hemmer-Methode: Wie im Deliktsrecht wird die Rechtswidrigkeit durch die Tatbestandsmäßigkeit indiziert (Lehre vom Erfolgsunrecht).

Einwendung

§ 1004 II BGB stellt aufgrund des Wortlauts („ausgeschlossen“) eine rechtshindernde Einwendung dar. **281**

Duldungspflichten

Duldungspflichten können sich ergeben aus: **282**

- ⇨ Privatrecht, d.h. vor allem Vertrag und § 906 BGB
- ⇨ Öffentlichem Recht
- ⇨ Aufgrund Verwaltungsakts
- ⇨ Bei überwiegendem öffentlichen Interesse

1. Privatrecht

Privatrecht

Privatrechtliche Duldungspflichten können sich aus Rechtsgeschäft, Gesetz oder dem nachbarrechtlichen Gemeinschaftsverhältnis (§ 242 BGB) ergeben. 283

a) Rechtsgeschäft

Rechtsgeschäft

Der Eigentümer kann sich durch Vertrag verpflichten, bestimmte Beeinträchtigungen zu dulden. Als Ausgestaltung der Duldungspflicht stehen den Beteiligten dingliche (z.B. Wegerecht als Grunddienstbarkeit gemäß § 1018 BGB) oder schuldrechtliche Rechtsgeschäfte (auch vertragliche Nebenpflichten, wie z.B. Duldung von Haustieren des Mieters durch Vermieter) zu Verfügung. 284

b) Gesetzliche Vorschriften

Gesetz

Eine Duldungspflicht kann sich auch aus privatrechtlichen Rechtsvorschriften ergeben, wie z.B. §§ 904, **906**, 912 I, 917 I BGB. 285

Rechtfertigungsgründe

Eine Duldungspflicht ergibt sich aus allgemeinen Rechtfertigungsgründen, insbesondere § 904 BGB (Notstand) oder §§ 227, 229 BGB. Diese lassen die Rechtswidrigkeit der Beeinträchtigung entfallen. 286

§ 906 BGB bei unwägbaren Stoffen

Den wohl klausurrelevantesten Fall einer Duldungspflicht stellt § 906 BGB dar. § 906 I BGB verkörpert eine Duldungspflicht für den Grundstückseigentümer im Falle der Zuführung unwägbarer Stoffe, sofern die Beeinträchtigung nur unwesentlich ist. Die Unwesentlichkeit der Beeinträchtigung ergibt sich aus § 906 I S. 2, 3 BGB. Auch wesentliche Beeinträchtigungen hat der Eigentümer gem. § 906 II BGB zu dulden, wenn sie ortsüblich sind und auch nicht durch wirtschaftlich zumutbare Maßnahmen verhindert werden können. In diesem Fall besteht aber ein Ausgleichsanspruch gem. § 906 II S. 2 BGB. 287

Überbau gem. § 912 I BGB

Nur im Falle des erlaubten Überbaus nach § 912 I BGB besteht eine Duldungspflicht, anderenfalls greift § 1004 I BGB. 288

Unter den Voraussetzungen des § 917 I BGB muss der Eigentümer seinem Nachbarn gegen Entschädigung (§ 917 II BGB) ein Notwegerecht einräumen und die Überfahrt über sein Grundstück dulden.

Richterliche Anordnung

Eine Duldungspflicht durch richterliche Anordnung oder einstweilige Verfügung steht einer gesetzlichen Duldungspflicht gleich. 289

c) Nachbarliches Gemeinschaftsverhältnis

Keine Duldungspflicht aus nachbarlichen Gemeinschaftsverhältnis

Die §§ 906 ff. BGB regeln das Nachbarschaftsrecht und erlegen den Beteiligten verschiedene Duldungspflichten auf. Die h.M. leitet daraus ein nachbarrechtliches Gemeinschaftsverhältnis ab, innerhalb dessen nach § 242 BGB kein Nachbar vom anderen Unzumutbares verlangen darf. Hieraus ergibt sich aber nur in Ausnahmefällen eine Duldungspflicht. 290

hemmer-Methode: Nach h.M. ist dieses nachbarrechtliche Gemeinschaftsverhältnis aber kein Schuldverhältnis i.S.d. § 241 ff. BGB.

2. Öffentliches Recht

Öffentliches Recht

Auch das Öffentliche Recht erlegt Duldungspflichten auf, wie z.B. § 14 BImSchG. 291

3. Verwaltungsakt

Widmung und andere Verwaltungsakte

Die Widmung eines Grundstücks zu einem öffentlichen Zweck, insbesondere Gemeingebrauch, führt ebenfalls zu einer Duldungspflicht des Eigentümers. Solange die Sache im Rahmen des Widmungszwecks gebraucht wird, ist der Gebrauch rechtmäßig. 292

Andere Verwaltungsakte, die ihrem Inhalt nach darauf gerichtet sind, dass ein Eigentümer ein bestimmtes Verhalten dulden muss, lösen dagegen keine privatrechtliche Duldungspflicht aus (z.B. durch Baugenehmigung ist Hausbau zu dulden, nicht aber Störungen, die mit Bautätigkeit verbunden sind, wie Lärm).

4. Überwiegendes öffentliches Interesse

Ausnahmsweise kann ein überwiegendes Interesse eine Duldungspflicht begründen, wenn Störungen von einem unmittelbar dem öffentlichen Interesse dienenden Betrieb ausgehen und nicht ohne erhebliche Funktionsbeeinträchtigung des Betriebes beseitigt werden können. 293

VI. Rechtsfolgen

1. Beseitigungsanspruch, § 1004 I S. 1 BGB

Rechtsfolge: Beseitigungsanspruch für die Zukunft

Rechtsfolge des Anspruchs aus 1004 I S. 1 BGB ist nur die Beseitigung des beeinträchtigenden Zustands in Natur (actus contrarius) für die Zukunft. Eine Herstellung des früheren Zustands der Sache vor dem Eintritt der Beeinträchtigung ist nicht möglich. 294

hemmer-Methode: Rechtsfolge des § 1004 I S. 1 BGB ist nur die Beseitigung des „Störfaktors" oder der „Quelle der Einwirkung", nicht aber die sonstigen Störungsfolgen. Ansonsten würde § 1004 BGB zu einem verschuldensunabhängigen Schadensersatzanspruch.

Schadensersatz nur aus § 823 I BGB, nicht § 1004 BGB, da verschuldensunabhängig

Nur wenn der Störer die Eigentumsbeeinträchtigung auch verschuldet hat, besteht zugleich ein Anspruch nach § 823 I BGB. Rechtsfolge ist die Naturalrestitution gem. § 249 I BGB, also Beseitigung der Störungsfolgen und der Störungsquelle selbst. Der Eigentümer ist so zu stellen, wie wenn das schädigende Ereignis nicht eingetreten wäre. 295

hemmer-Methode: Merken Sie sich, dass die Rechtsfolgen des Schadensersatzanspruchs weitergehen (Beseitigung und Wiederherstellung), während die Tatbestandsvoraussetzungen strenger sind (Verschuldenserfordernis).

Abgrenzung: § 1004 BGB – Schadensersatzanspruch

Zur Verdeutlichung der Abgrenzungsproblematik zwischen § 1004 BGB und Schadensersatzansprüchen sollen ein paar Beispiele aus Rspr. und Lit. gegeben werden: 296

- ⇨ Beim Bruch eines Staudamms kann nur Beseitigung des Wassers, nicht Erneuerung des Erdreichs verlangt werden.
- ⇨ Beim Steinwurf in ein Fenster kann nur Beseitigung des Steines und wohl auch der Scherben, nicht aber ein neues Fenster verlangt werden.
- ⇨ Bei Übergreifen eines Feuers auf ein benachbartes Grundstück ist nur Löschen des brennenden Hauses, aber nicht dessen Wiederherstellung geschuldet.

BGH: ausnahmsweise Anspruch auf Wiederherstellung aus § 1004 BGB (str.)

In Ausnahme hierzu und dogmatisch nicht erklärbar hat der BGH teilweise auch über § 1004 BGB einen Anspruch auf Wiederherstellung bejaht. Dem ist zwar aufgrund der Begründung über § 1004 BGB zu widersprechen, jedoch lässt sich die Wiederherstellung als Aufopferungsanspruch qualifizieren. So musste ein Störer nicht nur die Wurzeln seiner Bäume auf dem Nachbartennisplatz ausgraben, sondern den Tennisplatz auch wieder herrichten!. 297

§ 275 II BGB anwendbar

§ 275 II BGB wird für den Fall angewandt, dass eine Beseitigung für den Störer unzumutbar ist, so dass dann eine Geldentschädigung zu leisten ist. Grund dafür ist, dass der Störer nicht strenger als der Schadensersatzverpflichtete haften soll. 298

§ 254 BGB anwendbar

Bei einem Mitverschulden des Anspruchstellers ist der Rechtsgedanke des § 254 BGB zu berücksichtigen. Dies gilt vor allem dann, wenn der Eigentümer Ersatz der Beseitigungskosten verlangt. 299

Kosten der Beseitigung trägt Störer

Die Kosten der Beseitigung trägt der Störer. Sofern der Eigentümer die Störungen bereits auf seine Kosten beseitigt hat, kann er nach §§ 812 ff. BGB oder berechtigter GoA Ersatz verlangen. Zu beachten ist, dass die berechtigte GoA einen Rechtsgrund i.S.d. § 812 BGB darstellt, so dass dieser dann ausscheidet. 300

2. Unterlassungsanspruch, § 1004 I S. 2 BGB

Unterlassungsanspruch = materieller Anspruch (h.M.)

Sofern die Beeinträchtigung noch nicht eingetreten ist, aber bereits droht, hat der Eigentümer einen Unterlassungsanspruch gem. § 1004 I S. 2 BGB. § 1004 I S. 2 BGB ist nach h.M. ein materieller und kein prozessualer Anspruch und unterliegt daher der Verjährung. 301

Wiederholungsgefahr

Zusätzliche Voraussetzung des § 1004 I S. 2 BGB gegenüber § 1004 I S. 1 BGB ist die Wiederholungsgefahr. Dies ist die objektive, auf Tatsachen gegründete, ernstliche Besorgnis weiterer, nicht zu duldender Störungen. 302

Die Beweislast hierfür trägt der Eigentümer. Sofern ein vorausgegangener Eingriff vorlag, wird die Wiederholungsgefahr vermutet und muss vom Störer widerlegt werden.

Schon bei drohender Erstbeeinträchtigung möglich

Beachten Sie, dass der Unterlassungsanspruch auch bei einer erstmals drohenden Beeinträchtigung bestehen kann. Nur so ist ein umfassender und lückenloser Eigentumsschutz möglich. 303

Daneben § 907 BGB

Einen von § 1004 BGB unabhängigen Fall der vorbeugenden Unterlassungsklage stellt § 907 BGB dar. 304

Klausurtipp

hemmer-Methode: Denken Sie auch an andere Ansprüche, die auf Beseitigung und Unterlassen gerichtet sind, wie z.B. §§ 861, 862 BGB oder §§ 280, 249 I BGB. 305

§ 5 Rechtsgeschäftlicher Eigentumserwerb

A. Einführung

I. Anwendungsbereich

Übereignung beweglicher Sachen gem. §§ 929 ff. BGB

Die §§ 929 ff. BGB regeln die Übertragung des Eigentums an beweglichen Sachen. Unbewegliche Sachen werden nach §§ 873, 925 BGB übereignet, wobei für Zubehör § 926 BGB zu beachten ist. 306

Übertragung anderer Rechte gem. §§ 413, 398 BGB

Die Übertragung anderer Rechte richtet sich nicht nach §§ 929 ff. BGB, sondern nach den jeweiligen Sondervorschriften oder, falls keine Sondervorschriften bestehen, nach den §§ 398 ff., 413 BGB. 307

Übersicht

Der Erwerb von Rechten 308

§§ 929 ff. BGB	Übertragung des Eigentums an **beweglichen Sachen** • Einigung • Übergabe bzw. Übergabesurrogat
§§ 873, 925 (926) BGB	Übertragung des Eigentums an **Grundstücken** (Zubehör) • Einigung • Eintragung
§§ 398 ff. (413) BGB	Übertragung **anderer Rechte** • Grds. nur Einigung • Möglichkeit der cessio legis, etwa § 401 BGB
§§ 929 ff. BGB analog	Bei **Anwartschaftsrecht:** ⇨ Analoge Anwendung der Vorschriften über das Vollrecht

II. Das dingliche Rechtsgeschäft

Die Übereignung ist ein dingliches Rechtsgeschäft. Die Beteiligten werden Veräußerer und Erwerber genannt. 309

1. Trennungsprinzip

Trennungsprinzip

Erst durch das dingliche Rechtsgeschäft wird der Eigentumsübergang bewirkt. Das schuldrechtliche Rechtsgeschäft begründet nur eine Verpflichtung zur Übereignung (Verpflichtungsgeschäft), stellt jedoch selbst nicht die Übereignung dar. 310

Zur Erfüllung der Verbindlichkeit bedarf es des gesonderten Vollzugsgeschäfts (Erfüllungsgeschäft) der Übereignung. Diese systematische Trennung von Verpflichtungs- und Erfüllungsgeschäft wird als Trennungsprinzip bezeichnet.

hemmer-Methode: Merken Sie sich: Verpflichtungs- und Verfügungsgeschäft sind streng voneinander zu trennen (= Trennungsprinzip; zur Wiederholung s. Rn. 13).

2. Abstraktionsprinzip

Abstraktionsprinzip

Vom Trennungsprinzip zu unterscheiden ist das Abstraktionsprinzip. Danach unterliegt das dingliche Rechtsgeschäft keiner Zweckbestimmung (inhaltliche Abstraktion) und ist in seiner Wirksamkeit vom Verpflichtungsgeschäft unabhängig (äußerliche Abstraktion). Die Übereignung ist auch ohne wirksames Verpflichtungsgeschäft wirksam. Jedoch kann eine Kondiktion nach §§ 812 ff. BGB wegen fehlenden Rechtsgrunds (= fehlenden Verpflichtungsgeschäfts) erfolgen. 311

hemmer-Methode: Verpflichtungs- und Verfügungsgeschäft sind in ihrer Wirksamkeit unabhängig voneinander (= Abstraktionsprinzip; zur Wiederholung s. Rn. 12).

3. Durchbrechungen des Abstraktionsprinzips

Durchbrechungen

„Durchbrechungen“ des Abstraktionsprinzips werden in folgenden Fällen diskutiert: 312

- ⇨ Fehleridentität
- ⇨ Bedingungszusammenhang, §§ 158 ff. BGB
- ⇨ Geschäftseinheit von Verpflichtung und Verfügung nach § 139 BGB

a) Fehleridentität

Definition Fehleridentität

Verfügung und Verpflichtung sind jeweils Rechtsgeschäfte und können daher von ein und demselben rechtsgeschäftlichen Nichtigkeits- oder Anfechtungsgrund erfasst sein (der „Fehler“ beider Geschäfte ist dann identisch). Genau genommen handelt es sich dabei aber nicht um einen Fall der Durchbrechung des Abstraktionsprinzips. Denn die Auswirkung auf die dingliche Ebene wird gerade nicht aus der schuldrechtlichen Unwirksamkeit hergeleitet. Vielmehr muss die dingliche Einigung isoliert dahingehend überprüft werden, ob sie von dem entsprechenden Nichtigkeitsgrund ebenfalls erfasst ist. 313

Klausurtipp

hemmer-Methode: In der Klausur muss eine genaue Prüfung erfolgen, ob und welcher Anfechtungs- oder Nichtigkeitsgrund bezüglich des konkreten Verfügungsgeschäfts vorliegt. Noch einmal: Die Fehleridentität ist genau genommen keine Durchbrechung des Abstraktionsprinzips, da ein einziger Fehler schlicht doppelt bei beiden Geschäften auftritt und jedes für sich genommen fehlerhaft ist. Dass auch das Verpflichtungsgeschäft fehlerhaft ist, hat für die Prüfung, ob das Verfügungsgeschäft fehlerhaft ist, letztlich keine Relevanz.

Fallgruppen

Fallgruppen der Fehleridentität: 314

- ⇨ Geschäftsfähigkeitsmängel: i.d.R. (+)
- ⇨ Willensmängel: (a) bei § 119 I BGB i.d.R. (-), anders z.B. bei Irrtum über den Vertragspartner; (b) bei § 119 II BGB (+), wenn Irrtum auch bei Verfügungsgeschäft; (c) § 123 BGB i.d.R. (+)
- ⇨ § 134 BGB: i.d.R. (-), es sei denn, Gesetz will gerade die Erfüllung verhindern
- ⇨ § 138 I BGB: i.d.R. (-), es sei denn, Sittenwidrigkeit liegt gerade im Vollzug
- ⇨ § 138 II BGB: (+) bzgl. Verfügung des Bewucherten

Geschäftsfähigkeit

Grundsätzlich wirken sich Mängel in der **Geschäftsfähigkeit** (§§ 104 ff. BGB) auf beide Geschäfte aus. Etwas anderes gilt, wenn sich eine Änderung in der Geschäftsfähigkeit zwischen der Zeit der Verpflichtung und der Verfügung vollzieht (z.B. Minderjähriger wird nach Verpflichtung, aber vor Verfügung volljährig). Beim beschränkt Geschäftsfähigen ist § 107 BGB zu beachten, so dass die Verfügung zu seinen Gunsten (erwerbende Verfügung) aufgrund des rechtlichen Vorteils wirksam ist. 315

Bsp.: *Minderjähriger M (10 Jahre alt) tauscht mit dem 18-jährigen F sein Fahrrad gegen ein Skateboard. Die Eltern von M verweigern die Zustimmung.*

Der schuldrechtliche Tausch (§ 480 BGB) ist nach den §§ 106 ff. BGB unwirksam. Da durch ihn nämlich die Verpflichtung des M, sein Fahrrad zu übereignen, begründet wird, ist er rechtlich nachteilig i.S.d. § 107 BGB. Auch eine Einwilligung oder Genehmigung nach §§ 107, 108 BGB durch die Eltern des M liegt nicht vor.

Ebenso ist die Übereignung des Fahrrades nach § 929 S. 1 BGB an F unwirksam, da keine wirksame Einigung vorliegt. Denn durch die Übereignung verliert M sein Eigentum, Einwilligung oder Genehmigung durch die Eltern fehlen.

Demgegenüber ist die Übereignung des Skateboards nach § 929 S. 1 BGB von F an M wirksam. Hier ist die Einigung wirksam zustande gekommen. Die Willenserklärung des F bedurfte nach § 107 BGB nicht der elterlichen Zustimmung, da M durch die Übereignung Eigentümer werden sollte, also lediglich einen rechtlichen Vorteil aus dem Geschäft hatte.

Irrtümer

Irrtümer können bei Verpflichtungs- und Verfügungsgeschäft auftreten. Dabei ist zwischen den einzelnen Irrtümern zu unterscheiden: *316*

Bei Irrtümern nach § 119 I BGB sind i.d.R. beide Rechtsgeschäfte nicht von demselben Irrtum betroffen, so z.B. bei einem Irrtum über den Kaufpreis. Soweit beide geschäftlichen Ebenen von einem Irrtum betroffen sein sollten, werden daher regelmäßig verschiedene Irrtümer vorliegen.

Eine „echte" Fehleridentität wird aber dann vorliegen, wenn sich der Irrtum über eine verkehrswesentliche Eigenschaft (§ 119 II BGB) bei der Verpflichtung und der Veräußerung auswirkt.

Vertiefung

Lesen Sie dazu den sog. Leibl-Fall in Hemmer/Wüst, BGB AT III, Rn. 471!

Arglistige Täuschung und widerrechtliche Drohung bewirken oftmals die Anfechtbarkeit beider Geschäfte i.S. einer Fehleridentität, wenn der täuschungsbedingte Irrtum oder die Zwangslage bei der Verfügung noch fortwirkt.

§ 134 BGB

Für die Fehleridentität bei § 134 BGB kommt es auf die Reichweite der Nichtigkeitsfolge des Verbotsgesetzes an. *317*

Grundsätzlich ist das Erfüllungsgeschäft neutral. In Ausnahmefällen will das Verbotsgesetz aber nach seinem Schutzzweck auch die Erfüllung verhindern (so z.B. BtMG).

§ 138 I, II BGB

Die Verfügung ist grundsätzlich sittlich wertneutral, so dass § 138 I BGB nur auf das Verpflichtungsgeschäft wirkt. Eine Ausnahme wird aber gemacht, wenn die Sittenwidrigkeit gerade im dinglichen Vollzug selbst begründet ist oder damit sittenwidrige Motive verfolgt werden. *318*

Beim Wucher nach § 138 II BGB wird aus dem Wortlaut „versprechen" (= Verpflichtung) oder „gewähren lässt" (= Verfügung) gefolgert, dass sich die Nichtigkeit auch auf die Verfügung des Bewucherten erstreckt. Die Verfügung des Wucherers ist aber wirksam.

hemmer-Methode: Prägen Sie sich die Fallgruppen der Fehleridentität ein. Bei der Annahme in der Klausur müssen Sie vorsichtig sein, denn um das Abstraktionsprinzip nicht auszuhebeln, ist Fehleridentität die Ausnahme und nicht die Regel. Wenn Sie sich nicht sicher sind, überlegen Sie, in welche Richtung die Klausur läuft: Wenn Sie Fehleridentität bejahen, ist auch die Übereignung unwirksam.
Die Folgeprobleme stellen sich dann im EBV. Ist dagegen nur das Verpflichtungsgeschäft unwirksam, gelangen Sie in das Bereicherungsrecht.

b) Bedingungszusammenhang, §§ 158 ff. BGB

Bedingungszusammenhang

Eine Durchbrechung des Abstraktionsprinzips kann dadurch erfolgen, dass die Parteien eine Bedingung (§ 158 BGB) vereinbaren, nach der die dingliche Einigung von der Wirksamkeit des Verpflichtungsgeschäfts abhängig ist. Dies gilt aber nur, wenn das dingliche Geschäft nicht bedingungsfeindlich ist. *319*

hemmer-Methode: Nach § 925 II BGB ist die Auflassung bedingungsfeindlich. Im Umkehrschluss wird daher eine grundsätzliche Bedingungsfreundlichkeit der dinglichen Rechtsgeschäfte gefolgert.

Um den Abstraktionsgrundsatz nicht auszuhöhlen, wird aber verlangt, dass der Bedingungszusammenhang durch **ausdrückliche** Einigung zustande kommt.

c) Geschäftseinheit von Verpflichtung und Verfügung, § 139 BGB

§ 139 BGB

Fraglich ist, ob Verpflichtungs- und Verfügungsgeschäft eine Einheit i.S.v. § 139 BGB bilden können, so dass die Unwirksamkeit der Verpflichtung die Unwirksamkeit der Verfügung nach sich zieht. Dies ist möglich, da der Parteiwille Vorrang vor dem Abstraktionsprinzip hat. 320

Um eine Aushöhlung des Abstraktionsprinzips zu vermeiden, wird aber verlangt, dass konkrete Anhaltspunkte für einen dahingehenden Parteiwillen vorliegen. Angenommen wurde dies bei einer Sicherungsabtretung, z.B. wenn mangels Darlehensauszahlung kein Darlehensrückzahlungsanspruch entstanden ist, soll auch die Abtretung keine rechtliche Wirkung zeitigen. Dagegen reicht allein eine schlüssige Vereinbarung nicht aus, um eine Geschäftseinheit anzunehmen.

III. Überblick über die Regelungen

1. Erwerb vom Berechtigten – Einigung und Übergabe (bzw. Übergabesurrogate)

Überblick

Grundform der Übereignung: 321

⇨ § 929 S. 1 BGB: Einigung und Übergabe

Sonderformen der Übereignung:

⇨ § 929 S. 2 BGB: Einigung (Übergabe entfällt)

⇨ §§ 929 S. 1, 930 BGB: Einigung und Besitzkonstitut (= Besitzmittlungsverhältnis, § 868 BGB)

⇨ §§ 929 S. 1, 931 BGB: Einigung und Abtretung des Herausgabeanspruchs

Grundform der Übereignung = Einigung und Übergabe gem. § 929 S.1 BGB

§ 929 S. 1 BGB regelt die Grundform der Übereignung. Sie setzt sich aus Einigung und Übergabe zusammen. Die Einigung besteht aus übereinstimmenden Willenserklärungen der Parteien und hat den Eigentumsübergang zum Inhalt. Auf die Einigung als dinglicher Vertrag sind die Regeln des BGB AT anwendbar. Zur Rechtsänderung bedarf es aufgrund des Charakters des Eigentums als absolutem Recht einer Kundmachung in Form der Übergabe. Diese ist ein Realakt und keine Willenserklärung, so dass die Regelungen des BGB AT über Rechtsgeschäfte auf sie nicht anwendbar sind. 322

Exkurs: Allgemeine Definitionen

hemmer-Methode: Die folgenden Definitionen müssen Sie unbedingt können: 323
1.) Rechtsgeschäft = Tatbestand, der aus mindestens einer WE besteht, an den die Rechtsordnung den Eintritt eines rechtlichen Erfolgs knüpft, weil er gewollt ist.
2.) Willenserklärung (= WE) = Kundgabe eines rechtlich bedeutsamen Willens, der auf die Herbeiführung einer Rechtsfolge gerichtet ist.
3.) Realakt = Handlung, die nur auf einen tatsächlichen Erfolg gerichtet ist und deren Rechtsfolge sich unabhängig vom Willen der Beteiligten aus dem Gesetz ergibt.
4.) Geschäftsähnliche Handlungen = Erklärungen, an die das Gesetz Rechtsfolgen knüpft, unabhängig davon, ob sie gewollt sind.

§ 929 S. 2 BGB

Die Übereignung nach § 929 S. 2 BGB verlangt nur eine Einigung, da der Erwerber bereits Besitzer der Sache ist. 324

Übergabesurrogate (§§ 930, 931 BGB)

Die Übergabesurrogate in §§ 930, 931 BGB ersetzen nur die Übergabe. Das Erfordernis der Einigung ergibt sich immer nur aus § 929 BGB. Zweck der Übergabesurrogate ist, den rechtsgeschäftlichen Erwerb zu erleichtern für den Fall der Unpraktikabilität einer Übergabe der Sache. Dafür wird der Grundsatz der Publizität eingeschränkt. 325

Klausurtipp

hemmer-Methode: Zu zitieren ist daher: Übereignung nach §§ 929 S. 1, 930 BGB bzw. §§ 929 S. 1, 931 BGB. Darauf sollten Sie unbedingt achten!

Besitzmittlungsverhältnis, §§ 930, 868 BGB; Abtretung des Herausgabeanspruchs, §§ 931, 870 BGB

§ 930 BGB stellt die Vereinbarung eines Besitzmittlungsverhältnisses (§ 868 BGB; in § 930 BGB Besitzkonstitut genannt) einer Übergabe gleich. § 931 BGB ersetzt die Übergabe durch Abtretung des Herausgabeanspruchs. Beide Surrogate sind Rechtsgeschäfte, so dass der BGB AT Anwendung findet. §§ 930, 931 BGB ermöglichen im Gegensatz zu § 929 BGB eine Übertragung ohne Besitzverlust beim Veräußerer. 326

2. Erwerb vom Nichtberechtigten – gutgläubiger Erwerb

Gutgläubiger Erwerb vom Nichtberechtigten

Die §§ 929 – 931 BGB sprechen von Eigentümer und Erwerber. Sie verlangen also, dass der Veräußerer Eigentümer und damit zur Übertragung berechtigt ist. Grundsätzlich kann niemand mehr Rechte übertragen, als er selbst hat. Jedoch stünde der Erwerber schutzlos, da er in der Regel die Berechtigung des Veräußerers nicht überprüfen kann und möglicherweise einem Herausgabeanspruch des wahren Eigentümers nach § 985 BGB ausgesetzt wäre. 327

Die Möglichkeit eines gutgläubigen Erwerbs ist daher ein Gebot des Verkehrsschutzes im Wirtschaftsleben.

§§ 932 ff. BGB, wenn Erwerber gutgläubig, aber (-), wenn § 935 I BGB

Die §§ 932 ff. BGB lassen daher unter bestimmten Voraussetzungen einen gutgläubigen Erwerb vom Nichtberechtigten zu. Schutzwürdig ist aber nur der Erwerber, der bzgl. des Eigentums des Veräußerers gutgläubig ist (§ 932 II BGB). Ist die Sache dem früheren Eigentümer jedoch abhandengekommen i.S.d. § 935 I BGB, scheidet ein gutgläubiger Erwerb aus, weil das Gesetz hier den Eigentümer als schutzwürdiger ansieht. Aus Gründen der Umlauffähigkeit gilt dies wiederum nicht für Geld, § 935 II BGB. 328

Rechte Dritter, § 936 BGB

Das Schicksal von anderen Rechten Dritter als dem Eigentum regelt § 936 BGB. Auch diese können gutgläubig „wegerworben" werden (sog. lastenfreier Erwerb). 329

IV. Klausuraufbau

Historischer Aufbau oder inzidente Prüfung

In der Klausur wird entweder nach Ansprüchen (Regelfall) oder nach der Eigentümerstellung hinsichtlich einer bestimmten Sache gefragt. Bei letzterem ist grundsätzlich ein historischer Aufbau zu wählen (sog. „Märchenaufbau": Es war einmal ein Eigentümer, und wenn er das Eigentum nicht verloren hat, dann hat er es noch heute...). Dabei werden ab einem Zeitpunkt, zu dem die Eigentumslage sicher feststeht, in chronologischer Reihenfolge alle Ereignisse geprüft, welche die dingliche Rechtslage geändert haben könnten. Bei der Prüfung nach Ansprüchen kann auch eine „inzidente" Prüfung vorgenommen werden. Hier wird die nach dem Sachverhalt zeitlich letzte dingliche Rechtsänderung geprüft und innerhalb dieser alle vorausgehenden (möglichen) Rechtsänderungen bis zu dem Zeitpunkt, zu dem das Eigentum feststand. 330

Prüfungsreihenfolge

Zwingende Prüfungsreihenfolge innerhalb der einzelnen Erwerbstatbestände 331

- ⇨ Erwerb vom Berechtigten gem. §§ 929 – 931 BGB
- ⇨ Erwerb vom Nichtberechtigten mit Befugnis/Konvaleszenz nach § 185 BGB
- ⇨ Gutgläubiger Erwerb vom Nichtberechtigten nach §§ 932 – 935 BGB

Diese Prüfungsreihenfolge ist als ein Gebot der Logik zwingend, denn wenn der Nichtberechtigte mit Zustimmung des Berechtigten verfügt, ist die Frage nach der Gutgläubigkeit irrelevant.

B. Erwerb vom Berechtigten

§§ 929 –931 BGB

Der Erwerb vom Berechtigten ist in den §§ 929 – 931 BGB geregelt. 332

Prüfungsreihenfolge für Übereignungstatbestand

Prüfungsreihenfolge für die einzelnen Erwerbstatbestände der §§ 929 ff. BGB: 333

- ⇨ Einigung i.S.v. § 929 S. 1 BGB
- ⇨ Übergabe (§ 929 BGB) oder Übergabeersatz (§§ 930, 931 BGB)
- ⇨ Einigsein im Zeitpunkt der Übergabe
- ⇨ Berechtigung (= Rechtsinhaberschaft) und Verfügungsbefugnis (= Zuständigkeit für Verfügungen) des Veräußerers

I. Die Einigung

1. Die Einigung als Vertrag

Einigung = dinglicher Vertrag; Übergabe = Realakt

Die Einigung ist im Gegensatz zur Übergabe (= Realakt) ein Rechtsgeschäft, konkret ausgedrückt ein dinglicher Vertrag (Gegenbegriff = Schuldvertrag), bestehend aus zwei übereinstimmenden Willenserklärungen von Veräußerer und Erwerber hinsichtlich des Eigentumsübergangs. Auf die Einigung sind daher die Vorschriften des AT anwendbar. 334

hemmer-Methode: Machen Sie sich klar, dass Verpflichtung und Verfügung gleichzeitig stattfinden können (i.d.R. bei Bargeschäften). Hier sind immer drei Rechtsgeschäfte zu trennen: das Verpflichtungsgeschäft, die Übereignung der Sache und die Übereignung des Kaufpreises. Entscheidend ist die Selbständigkeit dieser Verträge, wenn ein Minderjähriger beteiligt ist (vgl. § 107 BGB).

a) Geschäftsfähigkeit, §§ 104 ff. BGB

Geschäftsfähigkeit für WE nötig

Die §§ 104 –115 BGB sind auf die Einigung anwendbar, so dass die Geschäftsfähigkeit der Beteiligten erforderlich ist. 335

Daher kann gem. § 107 BGB ein beschränkt Geschäftsfähiger eine auf Eigentums**erwerb** gerichtete Einigungserklärung wirksam abgeben, da er durch die Verfügung einen lediglich rechtlichen Vorteil erlangt.

Dagegen ist der dingliche Vertrag mangels wirksamer Willenserklärung des Minderjährigen gem. §§ 107, 108 BGB ohne Zustimmung des gesetzlichen Vertreters schwebend unwirksam, wenn sich die Erklärung auf die Übereignung eigener Sachen erstreckt. Der Eigentums**verlust** stellt nämlich einen rechtlichen Nachteil nach § 107 BGB dar.

hemmer-Methode: Beachten Sie, dass die §§ 107 ff. BGB nur auf den beschränkt Geschäftsfähigen anwendbar sind. Ein Minderjähriger, der jünger als sieben Jahre ist, kann trotz des lediglich rechtlichen Vorteils ohne Mitwirkung des gesetzlichen Vertreters kein Eigentum erwerben!

Problem: Verfügung eines beschränkt Geschäftsfähigen über fremdes Eigentum

Umstritten ist, ob die Übereignung **fremder** Sachen durch einen beschränkt Geschäftsfähigen als sog. neutrales Geschäft wirksam ist. 336

Jedenfalls ist die Willenserklärung des beschränkt Geschäftsfähigen auf Übereignung und damit auch die diesbezügliche Einigung nach § 107 BGB wirksam. Denn er verliert ja kein Eigentum, das Geschäft hat für ihn also keinen rechtlichen Nachteil. Zwar bringt die Übereignung auch keine Vorteile mit sich, es handelt sich um ein sog. **neutrales Geschäft**. Dass ein beschränkt Geschäftsfähiger neutrale Geschäfte vornehmen kann, ergibt sich aber aus dem Rechtsgedanken des § 165 BGB. Auch die Vertretung eines anderen ist nämlich ein neutrales Geschäft, das ein beschränkt Geschäftsfähiger vornehmen kann.

Über die fehlende Berechtigung des beschränkt Geschäftsfähigen können nach h.M. die Gutglaubensvorschriften der §§ 932 ff. BGB hinweghelfen, wenn deren Voraussetzungen vorliegen. Die Gegenansicht verneint hingegen eine Anwendbarkeit der §§ 932 ff. BGB: Diese wollen den Erwerber nämlich nur so stellen, wie er bei Richtigkeit seiner Vorstellung stünde. Wenn der Minderjährige aber Eigentümer wäre, scheiterte ein Erwerb an § 107 BGB mangels Einigung, da die Gutgläubigkeit bzgl. der Geschäftsfähigkeit im BGB nicht geschützt wird. Für die h.M. spricht jedoch, dass die Minderjährigenschutzvorschriften nicht den eigentlichen Eigentümer schützen wollen.

Vertiefung

Zur Nachbereitung anhand eines Beispielfalls sei hier Fall 39 in „Die 50 wichtigsten Fälle Sachenrecht I“ empfohlen.

§ 105a BGB

Zu beachten ist auch § 105a BGB, wonach ein **volljähriger** Geschäftsunfähiger Geschäfte des täglichen Lebens in Ansehung von Leistung und Gegenleistung wirksam vornehmen kann, wenn die Leistung mit geringwertigen Mitteln bewirkt wird. 337

Die Fiktionswirkung („gilt“) des § 105a BGB erstreckt sich dabei nach h.M. auch auf die dingliche Einigung, so dass eine wirksame Übereignung möglich ist.

Vertiefung

Lesen Sie zu § 105a BGB Hemmer/Wüst, BGB AT I, Rn. 113 a-c!

b) Willensmängel, §§ 116 ff. BGB

Bei Willensmängeln ist WE anfechtbar

Eine für die Einigung erforderliche Willenserklärung kann anfechtbar oder nichtig sein, jedoch müssen sich Anfechtungs- oder Nichtigkeitsgründe auf die Übereignung beziehen (Abstraktionsprinzip!). In Ausnahmefällen kann der Grund, der das Verpflichtungsgeschäft scheitern lässt, auch die dingliche Einigung zum Scheitern bringen (sog. Fehleridentität). 338

c) Form, §§ 125 – 129 BGB

Einigung formlos möglich

Die Übereignung beweglicher Sachen ist formlos wirksam, so dass sie auch durch schlüssiges (konkludentes) Verhalten erfolgen kann. 339

d) §§ 145 – 157 BGB

§§ 145 ff. BGB: Angebot und Annahme

Für die Einigung gelten die §§ 145 ff. BGB (beachte § 151 BGB, der nur auf den Zugang, nicht aber auf die Abgabe der Willenserklärung verzichtet!). 340

e) Bedingung/Befristung, §§ 158 – 163 BGB

Bedingung/Befristung grundsätzlich möglich

Die Einigung ist als dinglicher Vertrag bedingungsfreundlich (Ausnahme: § 925 II BGB), so dass die §§ 158 ff. BGB anwendbar sind. Der häufigste Fall einer bedingten Einigung ist der Eigentumsvorbehalt, wonach die Übereignung unter einer aufschiebenden Bedingung gemäß § 158 I BGB erfolgt (die Bedingung ist i.d.R. die vollständige Kaufpreiszahlung). 341

Kann der Veräußerer den Bedingungseintritt nicht mehr einseitig verhindern, hat der Erwerber bis dahin ein Anwartschaftsrecht.

Eine Sicherungsübereignung kann unter der auflösenden Bedingung (§ 158 II BGB) z.B. der Rückzahlung des gewährten Darlehens vereinbart werden. I.d.R. ist aber die Sicherungsübereignung unbedingt ausgestaltet mit einem schuldrechtlichen Rückübertragungsanspruch. 342

Exkurs: Definition Bedingung/Befristung

hemmer-Methode: Bedingung ist ein zukünftiges, ungewisses Ereignis. Befristung ist ein zukünftiges, gewisses Ereignis. 343

f) Vertretung, §§ 164 – 181 BGB

Vertretung auf beiden Seiten möglich

I.R. der **Einigung** können auf beiden Seiten Boten oder nach Maßgabe der §§ 164 ff. BGB Vertreter handeln. 344

Bei der **Übergabe** (= Realakt) können nicht an der Einigung beteiligte Dritte dagegen nur als Besitzdiener, Besitzmittler oder Geheißpersonen beider Seiten fungieren. Unter diesen Voraussetzungen erwirbt der Geschäftsherr unmittelbar Eigentum ohne Durchgangserwerb der zwischengeschalteten Person (Bote/Vertreter).

hemmer-Methode: § 1357 BGB (Vertretungsmacht des Ehegatten und Ausnahme vom Offenkundigkeitsprinzip) hat nach h.M. wegen § 1363 II S. 1 BGB keine dingliche Wirkung: Es gilt der Grundsatz, dass die jeweiligen Vermögensmassen in der Ehe getrennt bleiben. Der eine Ehegatte vertritt den anderen also nur bei den schuldrechtlichen Geschäften. Ein dinglicher Erwerb für den anderen Ehegatten ist aber über das Geschäft für den, den es angeht, möglich.

g) Geschäft für den, den es angeht

Direkterwerb

Das Geschäft für den, den es angeht, stellt eine Ausnahme vom Offenkundigkeitsprinzip bei der Vertretung für Bargeschäfte des täglichen Lebens dar. Es kann bei der Einigung auf Übereignung Anwendung finden, nicht aber bei der Übergabe. 345

2. Bestimmtheitsgrundsatz

Bestimmtheit der Einigung

Die Einigung muss nach dem Bestimmtheitsgrundsatz (Bestimmbarkeit genügt nicht!) die zu übereignende Sache genau bezeichnen, so dass für einen fremden Dritten ohne Zuhilfenahme anderer Umstände erkennbar ist, an welchen Sachen eine dingliche Rechtsänderung vorgenommen wird. 346

Grund dafür ist die Rechtsklarheit. Die Bestimmtheit muss im Zeitpunkt des Eigentumsübergangs vorliegen (s. dazu Rn. 16).

3. Sonderfälle der Einigung

Warenautomaten

Warenautomaten enthalten ein Angebot des Aufstellers bzgl. Kauf und Übereignung der Ware, bedingt durch das Vorhandensein der Ware, das Funktionieren und die ordnungsgemäße Bedienung des Automaten durch den Erwerber. 347

Einkauf in Selbstbedienungsläden

In Selbstbedienungsläden stellt das Vorweisen der Ware an der Kasse durch den Kunden ein Angebot dar, das durch die Feststellung des Rechnungsbetrages vom Kassierer angenommen wird.

Tanken an SB-Tankstelle

Umstritten ist, wann das Übereignungsangebot beim Tanken an Selbstbedienungstankstellen abgegeben wird. Eine Ansicht bejaht bereits Kauf und Übereignung an der Zapfsäule, während die h.M. einen stillschweigend vereinbarten Eigentumsvorbehalt annimmt. Dieser ist allerdings sinnlos, wenn man wegen Vermischung einen gesetzlichen Eigentumserwerb am getankten Benzin annimmt, vgl. §§ 948, 947 II BGB (strittig!).

4. Widerruflichkeit der Einigung

Einigung nicht bindend, Widerruf möglich

Nach § 929 S. 1 BGB müssen sich Veräußerer und Erwerber noch im Zeitpunkt der Übergabe bzgl. des Eigentumsübergangs einig sein. Daraus folgert die ganz h.M., dass die dingliche Einigung nicht bindend und widerruflich ist. Neben dem Wortlautargument wird auch § 873 II BGB als systematische Begründung angeführt, wonach die Einigung nur in bestimmten Fällen bindend ist, im Umkehrschluss also die Widerruflichkeit die Regel ist. 348

Merke: Beachten Sie aber, dass bei einer erklärten Einigung ihr Fortbestand vermutet wird, bis der Widerruf dem anderen Teil eindeutig erkennbar wird. Keine Voraussetzung ist, dass der Veräußerer noch den Willen zur Übereignung besitzt. Beim Eigentumsvorbehalt wird aber die Einigung bereits mit Übergabe bindend.

Vertiefung

Siehe dazu Fall 27 in „Die 50 wichtigsten Fälle Sachenrecht I“ und den „Bonifatiusfall“ in Hemmer/Wüst, Sachenrecht I Rn. 28.

II. Die Übergabe und ihre Surrogate

1. Die Übergabe nach § 929 S. 1 BGB

Voraussetzungen des § 929 S. 1 BGB

Prüfungsschema zu § 929 S. 1 BGB: 349

- ⇨ Einigung über den Eigentumsübergang
- ⇨ Übergabe
- ⇨ Einigsein im Zeitpunkt der Übergabe
- ⇨ Berechtigung und Verfügungsbefugnis des Veräußerers

a) Begriff der Übergabe

Übergabe aus Gründen der Publizität

§ 929 S. 1 BGB setzt neben der Einigung die Übergabe voraus. Damit soll die Rechtsänderung offenkundig (Publizität) werden. Dies dient der Rechtsklarheit. 350

Voraussetzungen

Voraussetzungen der Übergabe nach § 929 S. 1 BGB: 351

- ⇨ völlige Besitzaufgabe des Veräußerers
- ⇨ Besitzerwerb des Erwerbers (§ 854 BGB)
- ⇨ auf Veranlassung des Veräußerers

Der Veräußerer muss jede Form des Besitzes aufgeben, ansonsten kommt nur eine Übereignung nach §§ 929 S. 1, 930 BGB in Betracht. 352

Der Erwerber muss unmittelbaren oder mittelbaren (ohne dass ein Fall des § 930 BGB vorliegt) Besitz erlangen.

Der Erwerber muss den Besitz auf Veranlassung des Veräußerers erlangen. Die bloße vorherige Gestattung der Besitzergreifung zu einem noch nicht feststehenden Zeitpunkt genügt nicht, denn bei Besitzergreifung muss der Übergabewille des Veräußerers bestehen.

b) Besitzerwerb nach § 854 I BGB

§ 854 I BGB = tatsächliche Sachherrschaft

Der Besitzerwerb nach § 854 I BGB setzt die Erlangung der tatsächlichen Sachherrschaft und einen natürlichen (nicht rechtsgeschäftlichen) Besitzwillen voraus (s. Rn. 33 ff.). 353

c) Besitzerwerb nach § 854 II BGB

Voraussetzungen des § 854 II BGB

Voraussetzungen des § 854 II BGB: 354

- ⇨ Besitz des Veräußernden
- ⇨ Einigung über Besitzübergang
- ⇨ Möglichkeit der Herrschaftsausübung beim Erwerber

Rechtsgeschäftlicher Besitzerwerb

§ 854 II BGB ermöglicht einen rechtsgeschäftlichen Besitzerwerb in den Fällen des gelockerten Gewahrsams, so dass die Regeln des AT anwendbar sind. Die Übereignung erfolgt hier durch Einigung bzgl. des Eigentumsübergangs und bzgl. der Besitzübertragung.

d) Einschaltung von Hilfspersonen

Hilfspersonen bei Übergabe

Eine Stellvertretung ist bei der Übergabe aufgrund ihres Charakters als Realakt nicht möglich (Ausnahme: § 854 II BGB). Trotzdem können sowohl Veräußerer als auch Erwerber als Hilfspersonen Besitzdiener, Besitzmittler oder Geheißpersonen einschalten. 355

Diese sind i.d.R. mit dem Vertreter/Boten personenidentisch. Sprechen Sie aber niemals von Vertretern bzw. Boten, wenn Sie die Übergabe prüfen!

aa) Besitzdiener, § 855 BGB

Erwerb durch Besitzdiener begründet Besitz des Besitzherrn

Da der Besitzdiener gem. § 855 BGB für den eigentlichen Besitzer die tatsächliche Gewalt ausübt, begründet eine Erwerbshandlung des Besitzdieners **unmittelbaren** Besitz des Geschäftsherrn. 356

Folglich kann auf beiden Seiten für die Übertragung des Besitzes ein Besitzdiener eingeschaltet werden.

Besitzanweisung von Veräußerer an Besitzdiener, für Erwerber zu besitzen

Eine Übertragung des unmittelbaren Besitzes vom Veräußerer auf den Erwerber kann schließlich auch in der Weise erfolgen, dass der Veräußerer seinen Besitzdiener anweist, nunmehr die tatsächliche Gewalt nur noch für den Erwerber auszuüben. 357

> **Bsp.:** *Der Arbeitgeber weist einen Arbeitnehmer im Zuge eines Betriebsübergangs an, die tatsächliche Gewalt an seinen Arbeitsgeräten nun für den Übernehmer auszuüben.*

bb) Besitzmittler, § 868 BGB

Erwerb mittelbaren Besitzes über Besitzmittler ausreichend

Die Übergabe i.S.d. § 929 BGB kann auch durch die Einschaltung von Besitzmittlern erfolgen, da es ausreicht, dass der Erwerber mittelbarer Besitzer wird. Allerdings darf dann kein Besitzrest beim Veräußerer verbleiben. Ist der Veräußerer Besitzmittler, ist aber § 930 BGB einschlägig. 358

> **Bsp.:** *K kauft von V ein Auto und vermietet dieses an M. M holt das Auto bei V ab.*
>
> Die Übergabe von V an K erfolgt dadurch, dass V dem M Besitz am Auto verschafft. Denn dadurch wird K mittelbarer Besitzer, bei V verbleibt kein Besitzrest.

Auch hier kann ein und dieselbe Person auf beiden Seiten tätig sein, wenn der Besitzmittler des Veräußerers auf dessen Weisung mit dem Erwerber ein neues Besitzmittlungsverhältnis eingeht und nun für den Erwerber besitzt, gleichzeitig das alte Besitzmittlungsverhältnis mit dem Veräußerer beendet.

> **Bsp.:** *V hatte das Auto bereits an M vermietet. K kauft das Auto von V und schließt gleichzeitig einen neuen Mietvertrag mit M ab. V weist M an, von jetzt an nur noch für den K zu besitzen.*
>
> Auch hier ist die Übergabe erfolgt: K ist mittelbarer Besitzer geworden, V hat jeden Besitz verloren.

hemmer-Methode: Unterscheiden Sie von diesem Fall (Übergabe i.S.v. § 929 S. 1 BGB) den Fall des § 931 BGB. Bei Letzterem tritt der Erwerber in das „alte" BMV zwischen Veräußerer und Besitzmittler ein (Konsequenz: § 404 BGB ⇨ Besitzmittler kann Einwendungen auch dem Erwerber entgegenhalten), während bei Ersterem ein „neues" BMV zwischen Erwerber und Besitzmittler begründet wird (keine Einwendungen aus „altem" BMV gegenüber Erwerber).

cc) Geheißerwerb

Geheißerwerb möglich

Die Übergabe nach § 929 S. 1 BGB kann auch dadurch erfolgen, dass auf Veräußerer- und/oder Erwerberseite eine Geheißperson eingeschaltet wird. 359

Auf Veräußererseite

Auf Veräußererseite kann eine Geheißperson bei der Übergabe mitwirken, wenn der besitzende Dritte auf Geheiß des Veräußerers, der weder unmittelbarer noch mittelbarer Besitzer ist, dem Erwerber Besitz verschafft. 360

Auf Erwerberseite

Auf Erwerberseite kann eine Geheißperson bei der Übergabe eingeschaltet werden, wenn der Erwerber selbst keinen Besitz erlangt, aber die Sache auf Geheiß des Erwerbers an eine von ihm benannte Geheißperson ausgehändigt wird. 361

Doppelter Geheißerwerb

Auch der sog. doppelte Geheißerwerb ist ein Fall des § 929 S. 1 BGB. 362

> ***Bsp.:*** *K hat von V eine Maschine gekauft, die V direkt an den Kunden D des K liefern soll.*
>
> Eine Übereignung von V an D ist nicht interessengerecht, da dieser regelmäßig nur an seinen Vertragspartner leisten will und über das Innenverhältnis zwischen D und K oft nicht Bescheid weiß. Deswegen erfolgt eine Übereignung von V an K und möglicherweise von K an D.
>
> Die Übergabe V an K liegt in der Aushändigung an D. Daher ist D bei der Verfügung V an K Geheißperson des Erwerbers K. Für die Übergabe von K an D ist V Geheißperson des Veräußerers K.
>
> K ist also (nur) für eine „juristische Sekunde" Eigentümer.

2. Die Übereignung „kurzer Hand" nach § 929 S. 2 BGB

Voraussetzungen des § 929 S. 2 BGB

<u>Prüfungsschema zu § 929 S. 2 BGB:</u> 363

- ⇨ Einigung über den Eigentumsübergang
- ⇨ Besitz des Erwerbers
- ⇨ Berechtigung und Verfügungsbefugnis des Veräußerers

Erwerber hat bereits Besitz

Gem. § 929 S. 2 BGB ist die Übergabe entbehrlich, wenn der Erwerber bereits im Besitz der Sache ist. Hier ist das Publizitätsprinzip gewahrt, da die Besitzlage bereits derjenigen entspricht, welche durch die Übergabe herbeigeführt werden sollte. 364

Dabei genügt jede Art von Besitz und es ist gleichgültig, von wem der Erwerber den Besitz erlangt hat. Der Veräußerer selbst darf aber keinerlei Besitz mehr zurückbehalten. Die Einigung nach § 929 S. 2 BGB kann bereits antizipiert erfolgen, wenn der Erwerber noch keinen Besitz hat. Sie muss aber dann beim Besitzerwerb noch fortbestehen. Allerdings ist dies nicht von praktischer Bedeutung, werden diese Fälle doch schon von § 929 S. 1 BGB erfasst.

Eine Einschaltung von Hilfspersonen ist auch bei § 929 S. 2 BGB auf beiden Seiten möglich (s. o.).

3. Das Übergabesurrogat des § 930 BGB

Voraussetzungen des §§ 929 S. 1, 930 BGB

Prüfungsschema zu §§ 929 S. 1, 930 BGB: 365

⇨ Einigung über den Eigentumsübergang (§ 929 S. 1 BGB)

⇨ Vereinbarung eines konkreten Besitzmittlungsverhältnisses (Besitzkonstitut) nach §§ 930, 868 BGB

⇨ Berechtigung und Verfügungsbefugnis des Veräußerers

Veräußerer bleibt Besitzer

§ 930 BGB ermöglicht es dem Veräußerer, trotz Eigentumsverlusts Besitzer der Sache zu bleiben mittels Vereinbarung eines Besitzmittlungsverhältnisses (§ 868 BGB) als Ersatz für die Übergabe. Dabei ist unerheblich, ob der Veräußerer unmittelbarer oder mittelbarer Besitzer ist. In letzterem Fall entsteht mehrstufiger mittelbarer Besitz, vgl. § 871 BGB.

a) Das Besitzmittlungsverhältnis bzw. Besitzkonstitut

Besitzmittlungsverhältnis i.S.v. § 868 BGB

Voraussetzungen des § 868 BGB: 366

⇨ Rechtsverhältnis i.S.d. § 868 BGB

⇨ Besitzmittlungswille des unmittelbaren Besitzers

⇨ Herausgabeanspruch des mittelbaren Besitzers gegen den unmittelbaren Besitzer

Besitzkonstitut = Besitzmittlungsverhältnis

§ 868 BGB setzt voraus, dass ein Rechtsverhältnis zwischen Erwerber und Veräußerer besteht, das den in § 868 BGB aufgezählten Regelbeispielen entspricht. Es genügt ein anderes Rechtsverhältnis, solange es konkrete Rechte und Pflichten festlegt. Eine abstrakte Abrede des Inhaltes, dass der eine für den anderen besitzen soll, reicht nicht aus. 367

Selbst wenn das Rechtsverhältnis zivilrechtlich unwirksam ist, kann ein Besitzmittlungsverhältnis bestehen, wenn beim Besitzmittler ein Fremdbesitzwillen vorhanden ist und der Erwerber irgendeinen Herausgabeanspruch hat (z.B. § 812 BGB).

b) Das vorweggenommene Besitzkonstitut

Antizipiertes BMV z.B. bei Sicherungsübereignung künftiger Waren

Von einem vorweggenommenen (auch antizipierten) Besitzkonstitut spricht man, wenn Einigung und Vereinbarung des Besitzmittlungsverhältnisses schon erfolgen, bevor der Veräußerer im Besitz der betreffenden Sache ist. 368

Sobald die betreffende Sache in Eigentum und Besitz des Veräußerers gelangt, wird der Erwerber gem. §§ 929 S. 1, 930 BGB nach Durchgangserwerb für eine juristische Sekunde Eigentümer – das Fortbestehen von Einigung, Besitzkonstitut und Besitzmittlungswille vorausgesetzt. Das Fehlen des Besitzmittlungswillens muss der Veräußerer bei Besitzerwerb erkennbar zum Ausdruck bringen.

> ***Bsp.:** H übereignet seiner Bank B alle Waren, die in seinem Keller liegen und diejenigen Warenzugänge, die er in Zukunft dort einlagern wird, nach §§ 929 S. 1, 930 BGB, wobei H die Sachen für B verwahren soll. Hinsichtlich der künftigen Warenzugänge liegt neben der antizipierten Einigung auch ein antizipiertes Besitzkonstitut vor, § 868 BGB.*

Problem: Ausführungshandlung erforderlich?

Umstritten ist, ob der Erwerber automatisch mit Besitzerwerb des Veräußerers Eigentümer wird, oder ob zusätzlich zur Wahrung der Publizität eine Ausführungshandlung des Veräußerers erforderlich ist. 369

H.L.: keine Ausführungshandlung erforderlich (Vergleich mit § 930 BGB)

Die h.L. verneint eine Ausführungshandlung und begründet dies damit, dass gerade § 930 BGB die Publizität vernachlässige. Die Gegenansicht bejaht eine Ausführungshandlung, damit der Rechtserwerb erkennbar ist. Jedenfalls müssen im Beispiel oben die Waren noch in den Keller gebracht werden.

Beachte: Wenn das Übereignungsobjekt erst noch individualisiert werden muss, ist jedenfalls zur Wahrung des Bestimmtheitsgrundsatzes eine Ausführungshandlung erforderlich.

Abgrenzung zum gestatteten Insichgeschäft

Das antizipierte Besitzkonstitut ist vom gestatteten Insichgeschäft i.S.v. § 181 BGB abzugrenzen. 370

Bei § 181 BGB hängt die Durchführung noch von einer weiteren Willensentscheidung des Veräußerers ab. Dieser muss das Insichgeschäft, d.h. die Einigung und die Vereinbarung des Besitzkonstituts, noch vornehmen, d.h. der Veräußerer vereinbart als Vertreter des Erwerbers das Besitzmittlungsverhältnis mit sich selbst.

Da eine Gestattung nach § 181 BGB vorliegt, verstößt dies nicht gegen § 181 BGB. Hier ist unstreitig eine Ausführungshandlung unerlässlich, weil sich die Rechtsgeschäfte „im Kopf" einer Person vollziehen. Beim antizipierten Besitzkonstitut dagegen geschieht der Eigentumsübergang später „automatisch" in dem Zeitpunkt, in welchem der Veräußerer Besitz erlangt.

hemmer-Methode: Ob ein antizipiertes Besitzkonstitut oder ein gestattetes Insichgeschäft vorliegt, ist durch Auslegung nach den Interessen der Parteien zu ermitteln.
Für ein Insichgeschäft spricht z.B., wenn der Veräußerer erst eine Auswahl treffen und von vielen bei ihm eingehenden Gegenständen nur die von ihm ausgewählten an den Erwerber weiterveräußern soll.

Vertiefung

Lesen Sie dazu Fall 31 in „Die 50 wichtigsten Fälle Sachenrecht I".

Stellvertretung möglich, da BMV = Rechtsgeschäft

Da die Übergabe bei §§ 929 S. 1, 930 BGB durch die Vereinbarung eines Besitzmittlungsverhältnisses ersetzt wird, ist Stellvertretung nach den §§ 164 ff. BGB möglich. 371

4. Das Übergabesurrogat des § 931 BGB

Voraussetzungen der §§ 929 S. 1, 931 BGB

Prüfungsschema zu §§ 929 S. 1, 931 BGB: 387

- ⇨ Einigung über den Eigentumsübergang (§ 929 S. 1 BGB)
- ⇨ Abtretung des Herausgabeanspruchs gem. §§ 931, 398 BGB
- ⇨ Berechtigung und Verfügungsbefugnis des Veräußerers

Abtretung des Herausgabeanspruchs

§ 931 BGB als Übergabesurrogat kommt in Betracht, wenn sich eine Sache im mittel- oder unmittelbaren Besitz eines Dritten befindet. Dann kann die Übergabe dadurch ersetzt werden, dass der Veräußerer dem Erwerber seinen Herausgabeanspruch gegen den Dritten abtritt nach § 398 BGB. 388

Die Abtretung ist ein Rechtsgeschäft, so dass die Regeln des AT Anwendung finden.

Übereignung einer besitzlosen Sache? h.M.: §§ 929 S. 1, 931 BGB, wobei Einigung genügt

Umstritten ist, ob eine Übereignung (z.B. an Versicherung) bei einer besitzlosen Sache möglich ist (z.B. herrenlose Sache: Dieb hat Pkw im Wald abgestellt, Ring auf dem Meeresgrund). Die h.M. nimmt eine Übereignung nach §§ 929 S. 1, 931 BGB an, wobei ausnahmsweise die bloße Einigung über den Eigentumsübergang ausreichen soll, denn schließlich fehlt es am Besitz eines Dritten und damit existiert auch kein abtretbarer Herausgabeanspruch. **389**

Abtretung nach §§ 398 ff. BGB

Die Abtretung des Herausgabeanspruchs richtet sich nach §§ 398 ff. BGB. Sie ist formfrei und kann auch konkludent erfolgen. Eine Anzeige der Abtretung an den Dritten ist nicht erforderlich. **390**

Sofern der Veräußerer mittelbarer Besitzer ist, so muss er seinen schuldrechtlichen Herausgabeanspruch aus dem Besitzmittlungsverhältnis abtreten gem. § 870 BGB. Ist der Veräußerer kein Besitzer, hat er aber dennoch einen schuldrechtlichen Herausgabeanspruch (z.B. aus § 812 I BGB), so ist dieser abzutreten. Hat der Veräußerer weder Besitz noch einen schuldrechtlichen Herausgabeanspruch (z.B. der Besitz wurde durch Leistung eines Dritten erlangt, dann entfällt § 812 I S. 1 Alt. 2 BGB wegen Subsidiarität), so ist umstritten, wie er sein Eigentum übertragen kann. Eine Ansicht will dann den Anspruch aus § 985 BGB abtreten lassen.

Dies widerspricht aber dem Charakter des § 985 BGB als dinglicher Anspruch, der nicht abgetreten werden kann, sondern beim jeweiligen Eigentümer immer erst entsteht. Daher lässt die h.M. für eine Übereignung nach §§ 929 S. 1, 931 BGB dann ausnahmsweise die bloße Einigung genügen.

Stellvertretung möglich, da Abtretung = Rechtsgeschäft

Die die Übergabe ersetzende Abtretung kann als Rechtsgeschäft von einem Stellvertreter oder Boten erklärt werden. **391**

Vertiefung

hemmer-Methode: Als Ergänzung zu den §§ 929 ff. BGB bietet sich der Abschlussfall in Hemmer/Wüst, Sachenrecht I, Rn. 59 an.

III. Berechtigung

Definition Berechtigter

Die §§ 929 – 931 BGB regeln nur den Erwerb vom Berechtigten. Berechtigter ist der nicht in seiner Verfügungsbefugnis (= rechtliche Zuständigkeit für Verfügungen) beschränkte wahre Eigentümer (Regelfall) oder, wenn der Eigentümer in seiner Verfügungsbefugnis beschränkt ist, der für ihn Verfügungsbefugte (z.B. Insolvenzverwalter nach § 80 I InsO). 392

Daneben gibt es Fälle, in denen zwar nicht der Eigentümer selbst verfügt, sondern ein Dritter. Dieser Dritte darf aber im eigenen Namen verfügen, obwohl er in der Diktion des Gesetzes als „Nichtberechtigter" bezeichnet wird. Es geht um die Fälle des § 185 BGB. Wichtig: Liegt einer dieser Fälle des Erwerbs vom Nichtberechtigten vor, kommt es für den Erwerb nicht auf die §§ 932 ff. BGB an.

Es handelt sich also gerade nicht um gutgläubigen Erwerb. In der Diktion der §§ 929 ff. BGB wäre es daher angebrachter, die folgenden Fälle als Fälle des Erwerbs vom Berechtigten zu bezeichnen.

Klausurtipp

hemmer-Methode: Häufig wird auch treffend formuliert: „Berechtigt ist der nicht in seiner Verfügungsmacht beschränkte Eigentümer und derjenige, der vom Eigentümer zur Verfügung gem. § 185 I BGB ermächtigt wurde".

§ 185 BGB

§ 185 BGB bestimmt für vier Fälle, dass eine Verfügung eines Nichtberechtigten **im eigenen Namen** (ansonsten §§ 164 ff. BGB) wirksam ist, ohne dass der Erwerber redlich sein muss. 393

1. § 185 I BGB

§ 185 I BGB: Einwilligung des Berechtigten

Gem. § 185 I BGB ist die Verfügung **eines Nichtberechtigten** mit Einwilligung (= vorherige Zustimmung, § 183 S. 1 BGB) des Berechtigten wirksam. 394

Klausurtipp

Beachten Sie, dass der mit Einwilligung des Berechtigten verfügende Nichtberechtigte kein Nichtberechtigter i.S.v. § 816 I S. 1 BGB ist. Es soll mit dem Begriff „Nichtberechtigter" nur verdeutlicht werden, dass nicht der Eigentümer verfügt. I.S.d. § 816 I S. 1 BGB verfügt aber ein Berechtigter, wenn der Eigentümer die entsprechende Einwilligung erteilt.

Bsp.: *K kauft bei V 60 Flaschen Wein, die dieser von W unter verlängertem Eigentumsvorbehalt (= EVB) erworben hat. K weiß dies.*

Hier erwirbt K das Eigentum nach § 929 S. 1 BGB i.V.m. § 185 I BGB, da beim verlängerten Eigentumsvorbehalt der Vorbehaltskäufer gegen Abtretung der Kaufpreisforderung regelmäßig zur Weiterveräußerung im ordnungsgemäßen Geschäftsverkehr ermächtigt ist. Noch einmal: Die Redlichkeit des Erwerbers ist für § 185 I BGB irrelevant.

2. § 185 II S. 1 Var. 1 BGB

§ 185 II S. 1 Var. 1 BGB = Genehmigung des Berechtigten

Gem. § 185 II S. 1 Var. 1 BGB ist die Verfügung eines Nichtberechtigten mit Genehmigung (= nachträgliche Zustimmung, § 184 I BGB) des Berechtigten mit Rückwirkung (ex-tunc Wirkung) wirksam. **395**

Diese Genehmigungsmöglichkeit dient gerade dazu, einen Ausgleichsanspruch nach § 816 I S. 1 BGB für den Berechtigten gegen den Nichtberechtigten zu begründen (anders bei § 185 I BGB, s.o.). Die Genehmigung bezieht sich nur auf die Rechtsfolgen der Verfügung. Der Nichtberechtigte wird nicht nachträglich zum Berechtigten.

Bsp.: *D stiehlt die Uhr des E und veräußert sie an X für 200 €. E verlangt den Kaufpreis von D.*

X konnte zunächst nicht Eigentümer der Uhr werden, da D nicht Berechtigter war (nicht Eigentümer und auch nicht vom Eigentümer ermächtigt, über die Sache gem. § 185 I BGB zu verfügen, s.o.) und ein Gutglaubenserwerb an § 935 BGB scheiterte.

Das Herausgabeverlangen des E gegen D stellt nach h.M. aber eine stillschweigende Genehmigung der Verfügung zwischen D und X dar, so dass X nach §§ 929 S. 1, 185 II S. 1 Var. 1 BGB Eigentum erworben hat. Die Verfügung wird damit nachträglich wirksam im Sinne des § 816 I S. 1 BGB.

E kann von D den Kaufpreis nach § 816 I S. 1 BGB herausverlangen. Denn trotz der Genehmigung des E bleibt D Nichtberechtigter im Sinne dieser Vorschrift. Die Verfügung des D war aufgrund der Genehmigung des E diesem gegenüber auch wirksam.

3. § 185 II 1, 2.Var. BGB

§ 185 II S. 1 Var. 2 BGB: Nichtberechtigte erwirbt Gegenstand

Gem. § 185 II S. 1 Var. 2 BGB wird eine Verfügung ex nunc (von jetzt an) wirksam, wenn der Nichtberechtigte den Gegenstand erwirbt. **396**

> ***Bsp.:*** *N veräußert eine Uhr des E an den bösgläubigen D. Später stirbt E, Alleinerbe ist N.*
>
> Ein Eigentumserwerb des D nach §§ 929 S. 1, 932 BGB scheitert zunächst an der fehlenden Gutgläubigkeit (§ 932 II BGB). Mit dem Tod des E ist aber N als Alleinerbe gem. § 1922 BGB Eigentümer der Uhr geworden Somit ist in diesem Zeitpunkt die Verfügung nach § 185 II S 1 Var. 2 BGB wirksam.

hemmer-Methode: Hier müssen Sie den gutgläubigen Erwerb vor § 185 BGB prüfen, da § 185 II S. 1 Var. 2 BGB nur ex nunc wirkt. Im Zeitpunkt der Vornahme der Verfügung handelte N als Nichtberechtigter, da er nicht Eigentümer war und von diesem auch nicht ermächtigt worden ist, über den Gegenstand zu verfügen, § 185 I BGB.
Also kommt es zunächst auf die §§ 932 ff. BGB an. Ist der Erwerber gutgläubig, wird er Eigentümer, auf § 185 II S. 1 Var. 2 BGB kommt es dann nicht mehr an!

4. § 185 II S. 1 Var. 3 BGB

§ 185 II S. 1 Var. 3 BGB: Berechtigter wird Erbe des Nichtberechtigten

Gem. § 185 II S. 1 Var. 3 BGB wird eine Verfügung ex nunc wirksam, wenn der Berechtigte den Nichtberechtigten **beerbt** (also Erbe des Nichtberechtigen wird! – im umgekehrten Fall gilt § 185 II S. 1 Var. 2 BGB) und für die Nachlassverbindlichkeiten unbeschränkt haftet. Diesen Fall nennt man „Konvaleszenz kraft Haftung". 397

Formulierungsbeispiel

> ***Bsp.:*** *D stiehlt die Uhr des E und veräußert sie an den gutgläubigen X. Kurz darauf verstirbt D und wird von E allein beerbt. E erfährt alles und verlangt die Uhr von D heraus.*
>
> E könnte gegen D einen Herausgabeanspruch nach § 985 BGB haben. Dazu müsste er Eigentümer sein. Ursprünglich war er Eigentümer. Durch die Veräußerung von D an X hat er trotz der Gutgläubigkeit des X sein Eigentum nicht nach §§ 929 S. 1, 932 BGB verloren, da ihm die Uhr nach § 935 BGB abhandengekommen ist. Die Verfügung könnte aber nach § 185 II S. 1 Var. 3 BGB im Zeitpunkt des Todes des D wirksam geworden sein. E ist Erbe des D und haftet unbeschränkt, so dass § 185 II S. 1 Var. 3 BGB eingreift. Daher ist X in diesem Zeitpunkt Eigentümer geworden. E hat mangels Eigentum keinen Anspruch aus § 985 BGB.

Der Grund dieser Regelung liegt darin, dass der Erblasser ja immer noch Eigentumsübertragung schuldet. Denn dieser (schuldrechtliche) Anspruch ist noch nicht erfüllt worden, da der Erblasser ja nicht wirksam das Eigentum übertragen hat.

Für diesen Anspruch, der eine Nachlassverbindlichkeit darstellt, hat der unbeschränkt haftende Erbe einzustehen, § 1967 I BGB. § 185 II S. 1 Var. 3 BGB verhindert die umständliche Lösung, dass der Erbe erneut übereignen muss.

5. § 185 II S. 2 BGB

Bei mehreren Verfügungen gilt Prioritätsgrundsatz

Bei mehreren Verfügungen über einen Gegenstand durch den Nichtberechtigten ordnet § 185 II S. 2 BGB für die Fälle des § 185 II S. 1 Var. 2 und Var. 3 BGB die Geltung des Prioritätsprinzips (Privilegierung des Ersterwerbers) an, sofern die Verfügungen aus der Sicht des ersten Erwerbers in Widerspruch zueinander stehen. 398

> ***Bsp.:*** *D veräußert eine Sache des E am Montag an X nach §§ 929 S. 1, 930 BGB und am Dienstag an Y nach §§ 929 S. 1, 930 BGB. Am Mittwoch verstirbt E und D wird Alleinerbe.*
>
> Hier erwirbt nur X nach §§ 929 S. 1, 930, 185 II S. 1 Var. 2 BGB wegen des Prioritätsprinzips nach § 185 II S. 2 BGB ex nunc Eigentum.

C. Gutgläubiger Erwerb vom Nichtberechtigten

I. Einführung

Voraussetzungen der §§ 932 ff. BGB

<u>Voraussetzungen des gutgläubigen Erwerbs nach §§ 932 ff. BGB:</u> 399

- ⇨ Nichtberechtigung des Veräußerers
- ⇨ Gutgläubigkeit hinsichtlich des Eigentums des Veräußerers gem. § 932 II BGB
- ⇨ (ggfs.) qualifizierende Voraussetzungen der §§ 932 I S. 2 BGB, 933, 934 BGB
- ⇨ kein Abhandenkommen, § 935 BGB

1. Zweck der Regelung

Zweck des gutgläubigen Erwerbs: Schutz des Rechtsverkehrs

Die §§ 932 – 935 BGB ermöglichen einen Erwerb vom Nichtberechtigten, ohne dass es auf den Berechtigten (wie in § 185 BGB) ankommt. 400

Dazu muss der Erwerber gutgläubig i.S.v. § 932 II BGB sein, die Sache darf dem Eigentümer nicht abhandengekommen sein, § 935 I BGB, und das vermeintliche Eigentum des Veräußerers muss durch den Rechtsschein des Besitzes (§ 1006 BGB) legitimiert sein. Nur unter diesen Vorgaben wird der Sicherheit und Leichtigkeit des Rechtsverkehrs Priorität gegenüber dem Erhaltungsinteresse des alten Eigentümers gewährt. Es findet ein Ausgleich der Interessen beider Seiten (Erwerber und Eigentümer) mit Einschränkungen auf beiden Seiten statt.

2. Rechtsgeschäft/Verkehrsgeschäft

Voraussetzung: rechtsgeschäftlicher Erwerb

Die §§ 932 ff. BGB setzen ein Rechtsgeschäft i.S. eines Verkehrsgeschäftes voraus. Demzufolge kann es einen gutgläubigen Erwerb kraft Gesetzes nicht geben. Dabei wird der rechtsgeschäftliche Erwerb i.R. der vorweggenommenen Erbfolge einem gesetzlichen Erwerb (wie z.B. § 1922 BGB) gleichgestellt. **401**

Rechtsgeschäft als Verkehrsgeschäft

Ein Verkehrsgeschäft setzt voraus, dass – bei wirtschaftlicher Betrachtungsweise – auf der Erwerberseite mindestens eine Person beteiligt ist, die nicht auf der Veräußererseite beteiligt ist. **402**

> ***Bsp.:*** *Der einzige Gesellschafter einer GmbH (sog. Ein-Mann-GmbH) erwirbt von der GmbH einen Pkw – bei wirtschaftlicher Betrachtung kein Verkehrsgeschäft.*

Die Entgeltlichkeit ist keine Voraussetzung für einen gutgläubigen Erwerb.

hemmer-Methode: Erkennen Sie die Wertungen, die hinter den Vorschriften stehen. Gutgläubiger Erwerb soll aufgrund des Verkehrsschutzes möglich sein. Aber bei Abhandenkommen sieht das Gesetz den Eigentümer als schutzwürdiger an. Es entsteht ein EBV zwischen Eigentümer und Erwerber, §§ 985 ff. BGB.
Bei einem Erwerb kraft Gesetzes wie bei fehlendem Rechtssubjektswechsel fehlt der für einen gutgläubigen Erwerb nötige Vertrauenstatbestand. Beim rechtsgeschäftlichen Erwerb i.R. der vorweggenommenen Erbfolge verdient der Erwerber keinen Schutz, da ihm der gesetzliche Erwerb durch Erbgang keine bessere Rechtsposition verschafft hätte.

3. Anwendungsbereich

Anwendungsbereich: Erwerb vom Nichteigentümer; nicht Erwerb vom verfügungsbeschränkten Eigentümer

Beachten Sie, dass die §§ 932 ff. BGB nur für den Fall des gutgläubigen Erwerbs vom Nichtberechtigten Anwendung finden. Berechtigt ist der Eigentümer sowie derjenige, der nach § 185 I BGB vom Eigentümer ermächtigt wurde, über die Sache zu verfügen. 403

Sofern aber ein in seiner Verfügungsbefugnis beschränkter Eigentümer verfügt, gelten die §§ 932 ff. BGB nur dann entsprechend, wenn das Gesetz durch eine Verweisung dies vorsieht (z.B. § 135 II BGB).

> ***Bsp.:*** *Ein Erbe ist durch Testamentsvollstreckung nach § 2211 I BGB verfügungsbeschränkt, ein gutgläubiger Erwerb von ihm ist nach §§ 2211 II, 932 ff. BGB aber möglich. Die §§ 932 ff. BGB sind nicht direkt anwendbar, da der Erbe Eigentümer ist.*

II. Der gute Glaube, § 932 II BGB

Bösgläubigkeit des Vertreters: § 166 I BGB; Bösgläubigkeit des Vertretenen: § 166 II BGB

Der gute Glaube des Erwerbers ist immer Voraussetzung der Erwerbstatbestände der §§ 932 – 934 BGB. Bei Einschaltung eines Vertreters gilt § 166 BGB. Nach § 166 I BGB kommt es grundsätzlich auf die Kenntnis des Vertreters an. § 166 II BGB stellt daneben auf die Kenntnis des Vertretenen ab, wenn der Vertreter auf dessen Weisung handelt. 404

> ***Bsp.:*** *V sieht bei K einen PKW, den er gerne kaufen würde. Er weiß aber, dass dieser nicht dem K, sondern E gehört. Daher schickt er seinen Angestellten D als Vertreter. D weiß von dem Eigentum des E nichts. Hier kann V nicht Eigentümer werden, er kann sich nicht hinter der Gutgläubigkeit seines Vertreters D verstecken, § 166 II BGB.*

Klausurtipp

Beachten Sie, dass § 166 II BGB auch angewendet wird, wenn die Einigung erst durch eine Genehmigung wirksam wurde. Die letzte Entscheidung über die Wirksamkeit des Rechtsgeschäfts liegt dann beim Vertretenen. Daher muss dessen Kenntnis maßgeblich sein. SOUND: Genehmigung = Weisung!

1. Definition des guten Glaubens, § 932 II BGB

Definition: § 932 II BGB

Der gute Glaube wird in § 932 II BGB legaldefiniert. Danach scheidet Gutgläubigkeit nur bei grober Fahrlässigkeit oder positiver Kenntnis des Erwerbers aus. 405

Grob fahrlässig handelt, wer die im Verkehr erforderliche Sorgfalt in ungewöhnlich hohem Maße verletzt (Wertungsfrage). Für den Erwerber besteht keine allgemeine Nachforschungspflicht, zumal das Gesetz die Gutgläubigkeit als Regelfall ansieht und daher widerleglich vermutet.

Diese widerlegliche Vermutung ergibt sich aus der Formulierung des Gesetzes in § 932 I S. 1 BGB („es sei denn, dass").

2. Gegenstand und Zeitpunkt des guten Glaubens

Bezugspunkt: Eigentum des Veräußerers

a) Bezugspunkt des guten Glaubens ist nur das Eigentum und nicht die Geschäftsfähigkeit oder Vertretungsmacht des Veräußerers. Auch der gute Glaube an die Verfügungsbefugnis wird von den §§ 932 ff. BGB nicht geschützt (Ausnahme: § 366 HGB, § 1244 BGB). 406

§§ 932 ff. BGB (+), wenn guter Glaube an das Eigentum des zustimmenden Dritten

b) Der gute Glaube an das Eigentum des zustimmenden Dritten wird auch durch die §§ 932 ff. BGB geschützt. Begründet wird dies damit, dass der eigentliche Veräußerer der zustimmende Dritte ist. Voraussetzung ist aber, dass der Erwerber den zustimmenden Dritten für den Eigentümer gehalten hat und dies auch berechtigterweise durfte, da der Rechtsscheintatbestand vom zustimmenden Dritten ausging. 407

> ***Bsp.:*** *Z leiht D ein Buch. Später einigt sich D mit B, dem Bruder von Z, über den Eigentumsübergang, wobei Z zustimmt. E war wahrer Eigentümer. Wer ist Eigentümer?*
>
> Lösung:
>
> Ursprünglich war E Eigentümer. Er könnte das Eigentum an D verloren haben. Dazu müsste D gutgläubig Eigentum erworben haben. Eine Einigung zwischen D und B liegt vor. Die Übergabe war nach § 929 S. 2 BGB entbehrlich, da D bereits Besitzer war. B war aber Nichtberechtigter und D wusste dies. § 932 I S. 2 BGB greift daher nicht direkt. Die Verfügung des B erfolgte aber unter Zustimmung des Z. Dieser war zwar auch Nichtberechtigter, wurde aber von D für den Eigentümer gehalten. Nach allgemeiner Ansicht ist auch hier ein gutgläubiger Erwerb möglich, sofern nur der Rechtsscheintatbestand in der Person des zustimmenden Dritten verwirklicht ist. D.h. für den gutgläubigen Erwerb nach §§ 929 S. 2, 932 I S. 2 BGB genügt es, dass der Erwerber den Besitz nicht vom Veräußerer, sondern vom zustimmenden Dritten erhalten hat. Folglich ist D Eigentümer geworden.

Gutgläubigkeit bei Vollendung des Rechtserwerbs

c.) Der gute Glaube muss im Zeitpunkt der Vollendung des Rechtserwerbs vorliegen. Bei bedingter Einigung genügt aber die Gutgläubigkeit im Zeitpunkt der bedingten Einigung und der Übergabe. 408

III. Ausschluss des gutgläubigen Erwerbs nach § 935 BGB

Abhandenkommen, § 935 I BGB

Ein Abhandenkommen der Sache schließt gem. § 935 BGB jeden gutgläubigen Erwerb aus. Dabei sind die Begriffe „gestohlen“ oder „verlorengegangen“ nur Unterfälle des Abhandenkommens. 409

Abhandenkommen = unfreiwilliger Besitzverlust

Abhandenkommen setzt einen unfreiwilligen Besitzverlust beim unmittelbaren Besitzer voraus. Der mittelbare Besitzer spielt keine Rolle (§ 935 I S. 2 BGB). Der Verlust von Mitbesitz genügt für ein Abhandenkommen (z.B. Ehegatten sind Mitbesitzer hinsichtlich des gemeinsamen Hausrats). 410

Für Freiwilligkeit natürlicher Wille entscheidend

Für die Freiwilligkeit kommt es nach h.M. entsprechend § 828 III BGB auf die Einsichtsfähigkeit und nicht auf die Geschäftsfähigkeit an, denn beim Besitz ist der natürliche und nicht der rechtsgeschäftliche Wille maßgeblich. Kein Abhandenkommen liegt grundsätzlich bei Irrtum oder Täuschung des unmittelbaren Besitzers vor, wohl aber bei Drohung. Ausnahme ist der rechtsgeschäftliche und daher anfechtbare Besitzerwerb nach § 854 II BGB, jedoch muss für eine Unfreiwilligkeit die Anfechtung vor dem tatsächlichen Besitzerwerb erklärt werden. 411

Bei Unterschlagung durch Besitzdiener: Abhandenkommen (+)

Ein Abhandenkommen liegt auch dann vor, wenn der Besitzdiener die Sache ohne den Willen des Besitzherrn oder unter Verstoß gegen Weisungen desselben sich zueignet oder weggibt. 412

Problem: Abhandenkommen beim unmittelbaren Besitzer

Umstritten ist, ob § 935 I S. 1 BGB anwendbar ist, wenn dem unmittelbaren Besitzer, der nicht Besitzmittler des Eigentümers ist, die Sache abhandenkommt. 413

> **Bsp.:** *Der Minderjährige A (17 Jahre alt) veräußert ohne Zustimmung seiner Eltern sein Fahrrad an H. D stiehlt es bei H und veräußert es an den gutgläubigen E. Ist A noch Eigentümer?*
>
> Ursprünglich war A Eigentümer. Die Übereignung an H ist nach §§ 107, 108 BGB schwebend unwirksam. Auch der Diebstahl hat natürlich nicht zum Eigentumsverlust geführt. E könnte aber das Fahrrad gutgläubig erworben haben, §§ 929 S. 1, 932 BGB.

Fraglich ist, ob der Erwerb durch § 935 I BGB ausgeschlossen ist. Die Sache könnte dem Eigentümer A selbst abhandengekommen sein, als er sie aus der Hand gab. Bei Minderjährigen ist fraglich, ob nicht immer ein Abhandenkommen vorliegt. Nach richtiger Ansicht ist diese Frage über § 828 BGB analog zu entscheiden. Da A 17 Jahre alt war, ist er einsichtsfähig, § 828 III BGB analog. Später ist ihm die Sache ebenfalls nicht abhandengekommen, da er jedenfalls keinen unmittelbaren Besitz mehr an der Sache hatte, als sie gestohlen wurde, so dass § 935 I S. 1 BGB diesbezüglich ausscheidet.

Ein unfreiwilliger Besitzverlust liegt aber bei H als unmittelbarem Besitzer vor, jedoch ist dies nach § 935 I S. 2 BGB nur erheblich, wenn H Besitzmittler des A wäre. Dies ist jedoch nicht der Fall, da H aufgrund des vermeintlichen Vertrags mit A das Rad für sich und nicht für A besaß. Daher scheidet § 935 I S. 2 BGB aus.

In Betracht käme aber eine analoge Anwendung des § 935 I S. 2 BGB. Die h.M. lehnt eine solche Analogie jedoch ab, da die Interessenlage nicht vergleichbar sei, wenn die Sache einer Person abhanden komme, mit der den Eigentümer kein BMV verbinde.

Außerdem kann man angesichts der ausdrücklichen Erwähnung des Besitzmittlers in § 935 I S. 2 BGB bereits an einer planwidrigen Regelungslücke zweifeln.

Die Gegenansicht stellt dem gegenüber entscheidend darauf ab, dass es der Tendenz des Gesetzes entspreche, gutgläubigen Erwerb bei unfreiwilligem Besitzverlust auszuschließen. Mit der h.M. hat A aber das Eigentum an E verloren.

Klausurtipp

hemmer-Methode: Bezüglich des Abhandenkommens werden weitere Problemfälle diskutiert, etwa die Wegnahme einer Sache durch Hoheitsakt (z.B. Gerichtsvollzieher), die Weggabe durch Organe einer juristischen Person oder im Zusammenhang mit dem Erbenbesitz.

Vertiefung

Diese Thematik können Sie mit Hilfe des Skripts Hemmer/Wüst, Sachenrecht II, Rn. 79 ff. vertiefen. Eine fallorientierte Darstellung des § 935 I BGB finden Sie in „Die 50 wichtigsten Fälle Sachenrecht I", Fälle 40 und 41!

Abhandenkommen nicht bei Geld oder öffentlicher Versteigerung, § 935 II BGB

Gem. § 935 II BGB findet auf Geld, Inhaberpapiere sowie auf Sachen, die im Wege einer öffentlichen Versteigerung (Legaldefinition in § 383 III BGB) veräußert werden, § 935 I BGB keine Anwendung. Normzweck des Abs. II ist v.a., die Umlauffähigkeit zu sichern. 414

IV. Die einzelnen Erwerbstatbestände, §§ 932 – 934 BGB

§§ 932 – 934 BGB korrespondieren mit §§ 929 – 931 BGB

Jedem Erwerbstatbestand der §§ 929 - 931 BGB entspricht ein Gutglaubenstatbestand nach §§ 932 – 934 BGB. Für den gutgläubigen Erwerb müssen sowohl die Voraussetzungen der §§ 929 –931 BGB mit Ausnahme der Berechtigung, als auch die zusätzlichen Anforderungen der §§ 932 – 934 BGB erfüllt sein, um die fehlende Berechtigung des Veräußerers zu überwinden. 415

1. §§ 929 S. 1, 932 I S. 1 BGB

Voraussetzungen der §§ 929 S. 1, 932 I S. 1 BGB

Prüfungsschema zu §§ 929 S. 1, 932 I S. 1 BGB: 416

- ⇨ Einigung über den Eigentumsübergang
- ⇨ Übergabe auf Veranlassung des Veräußerers
- ⇨ Einigsein im Zeitpunkt der Übergabe
- ⇨ Fehlende Berechtigung, kein § 185 BGB
- ⇨ Guter Glaube, § 932 I S. 1, II BGB
- ⇨ Kein Abhandenkommen, § 935 BGB

Der gutgläubige Erwerb gem. §§ 929 S. 1, 932 I S. 1 BGB erfordert den kompletten Übereignungstatbestand des § 929 S. 1 BGB (Einigung und Übergabe) mit Ausnahme der Berechtigung des Veräußerers. 417

Diese wird durch die Gutgläubigkeit des Erwerbers überwunden (§§ 932 I S. 1, 932 II BGB), wobei diese bis zur Vollendung des Rechtserwerbs vorhanden sein muss. Bei einem bedingtem Erwerb genügt die Gutgläubigkeit bis zu dem Zeitpunkt, in dem alle Voraussetzungen des Erwerbs bis auf den Bedingungseintritt erfüllt sind. Anknüpfungspunkt für den durch § 932 I BGB geschützten Rechtsschein ist die Besitzlage, die den Veräußerer als Berechtigten ausweist (§ 1006 BGB). Denn bei der Übereignung nach § 929 S. 1 BGB ist der Veräußerer regelmäßig unmittelbarer oder mittelbarer Besitzer. Als Rechtsscheintatbestand reicht nach ganz h.M. auch, wenn der Veräußerer selbst keinen Besitz hat, jedoch der Erwerber den Besitz auf Weisung des Veräußerers vom besitzenden Dritten erhält (Geheißperson). Folglich können auf beiden Seiten problemlos auch Hilfspersonen (Besitzdiener, Besitzmittler oder Geheißperson) agieren.

Problem: Einschaltung von Scheingeheißpersonen

Umstritten ist die Behandlung der sog. Scheingeheißperson. Nach h.M. wird der gute Glaube an eine in Wirklichkeit nicht bestehende Weisung im Falle des Geheißerwerbs nicht geschützt. Denn der gute Glaube kann sich nur auf den tatsächlich vorhandenen Rechtsscheinträger beziehen und nicht auf das Vorhandensein des Rechtsscheinträgers. Die Rspr. dagegen lässt einen gutgläubigen Erwerb zu. 418

Vertiefung

Lesen Sie dazu den Hemdenlieferungsfall in Hemmer/Wüst, Sachenrecht II, Rn. 93 ff. oder in „Die 50 wichtigsten Fälle Sachenrecht I", Fall 36.

2. §§ 929 S. 2, 932 I S. 2 BGB

Voraussetzungen der §§ 929 S. 2, 932 I S. 2 BGB

<u>Prüfungsschema zu §§ 929 S. 2, 932 I S. 2 BGB:</u> 419

⇨ Einigung über den Eigentumsübergang

⇨ Besitz des Erwerbers

⇨ Fehlende Berechtigung, kein § 185 BGB

⇨ Besitz vom Veräußerer erlangt, § 932 I S. 2 BGB

⇨ Guter Glaube im Zeitpunkt der Einigung, § 932 I S. 1, II BGB

⇨ Kein Abhandenkommen, § 935 BGB

Besitz vom Veräußerer erlangt

Im Gegensatz zum Erwerb vom Berechtigten nach § 929 S. 2 BGB ist es beim gutgläubigen Erwerb nach §§ 929 S. 2, 932 I S. 2 BGB entscheidend, dass der Besitz des Erwerbers vom Veräußerer erlangt wurde.

Nur dann kann sich der Erwerber auf den Rechtsschein des Besitzes berufen, der den gutgläubigen Erwerb rechtfertigt. Gutgläubigkeit muss zum Zeitpunkt der Einigung vorliegen, da diese dem Besitzerwerb nachfolgt und daher den Rechtserwerb abschließt.

3. §§ 929 S. 1, 930, 933 BGB

Voraussetzungen der §§ 929 S. 1, 930, 933 BGB

<u>Prüfungsschema zu §§ 929 S. 1, 930, 933 BGB:</u> 420

⇨ Einigung über den Eigentumsübergang

⇨ Besitzkonstitut, §§ 930, 868 BGB

⇨ Fehlende Berechtigung, kein § 185 BGB

- ⇨ Übergabe durch den Veräußerer, § 933 BGB
- ⇨ Guter Glaube im Zeitpunkt der Übergabe, §§ 933, 932 II BGB
- ⇨ Kein Abhandenkommen, § 935 BGB

Übergabe der Sache durch Veräußerer

Bei dem gutgläubigen Erwerb nach §§ 929 S. 1, 930, 933 BGB muss neben Einigung, Besitzkonstitut und Gutgläubigkeit noch die Übergabe (Begriff identisch mit Übergabe i.S.v. § 929 S. 1 BGB) der Sache an den Erwerber durch den Veräußerer erfolgen. Ein gutgläubiger Erwerb setzt nämlich immer die Entledigung jeglicher Besitzposition des Veräußerers voraus. 421

Vertiefung

Fraglich ist bei § 933 BGB, ob es für eine Übergabe ausreicht, dass eine Ermächtigung zur Wegnahme eingeräumt wird. Die h.M. verneint dies, da die Übergabe auf Veranlassung des Veräußerers geschehen muss. Das ist nicht der Fall, wenn sich der Erwerber den Besitz selbst verschafft. Siehe dazu den Kompressorfall in Hemmer/Wüst, Sachenrecht II, Rn. 100.

4. §§ 929 S. 1, 931, 934 BGB

§ 934 BGB hat zwei Alternativen

Im Falle der Veräußerung gem. §§ 929 S. 1, 931 BGB unterscheidet § 934 BGB für den gutgläubigen Erwerb danach, ob der Veräußerer mittelbarer Besitzer war oder nicht. 422

a) Mittelbarer Besitz, § 934 Alt. 1 BGB

Voraussetzungen der §§ 929 S. 1, 931, 934 Alt. 1 BGB

Prüfungsschema zu §§ 929 S. 1, 931, 934 Alt. 1 BGB: 423

- ⇨ Einigung über den Eigentumsübergang
- ⇨ Abtretung eines Herausgabeanspruchs, §§ 931, 398 BGB
- ⇨ Fehlende Berechtigung, kein § 185 BGB
- ⇨ Guter Glaube zum Zeitpunkt der Abtretung, §§ 934, 932 II BGB
- ⇨ Kein Abhandenkommen, § 935 BGB

§ 934 Alt. 1 BGB: Veräußerer = mittelbarer Besitzer

War der Veräußerer mittelbarer Besitzer, so genügt nach § 934 Alt. 1 BGB neben Einigung und Abtretung die Gutgläubigkeit des Erwerbers bei der Abtretung. 424

Die Übertragung des mittelbaren Besitzes (§ 870 BGB) ist als Rechtsscheintatbestand im Gegensatz zu § 933 BGB ausreichend, da der Veräußerer sich jedweder Besitzposition entledigt.

Merke: Der gutgläubige Erwerb nach §§ 932 ff. BGB setzt voraus, dass der Veräußerer jedwede Besitzposition aufgibt!

b) Kein mittelbarer Besitz, § 934 Alt. 2 BGB

Voraussetzungen der §§ 929 S. 1, 931, 934 Alt. 2 BGB

Prüfungsschema zu §§ 929 S. 1, 931, 934 Alt. 2 BGB: 425

- ⇨ Einigung über den Eigentumsübergang
- ⇨ Abtretung eines (vermeintlichen) Herausgabeanspruchs nach §§ 931, 398 BGB
- ⇨ Fehlende Berechtigung, kein § 185 BGB
- ⇨ Erwerb des Besitzes von dem Dritten, § 934 Alt. 2 BGB
- ⇨ Guter Glaube zum Zeitpunkt der Besitzerlangung, §§ 934, 932 II BGB
- ⇨ Kein Abhandenkommen, § 935 BGB

Besitzerlangung notwendig vom besitzenden Dritten

Ist der Veräußerer kein mittelbarer Besitzer, so verlangt § 934 Alt. 2 BGB, dass der Erwerber den Besitz vom Dritten erlangt (mittelbarer Besitz genügt). Der gute Glaube muss im Gegensatz zu § 934 Alt. 1 BGB auch noch bei Besitzerlangung vorliegen. Grund für die Erschwerung des gutgläubigen Erwerbs ist, dass der Veräußerer nur einen vermeintlichen (behaupteten) Anspruch oder einen sonstigen Herausgabeanspruch (§§ 812, 823 BGB) abtritt, der aber auch einem Nichteigentümer zustehen kann und daher keinen Rechtsscheintatbestand erzeugt. Erst wenn der Erwerber Besitz erlangt, ist der Rechtsscheintatbestand erfüllt. 426

5. Abschlussfall zu §§ 932 ff. BGB

Fall zu §§ 932 ff. BGB

Fall: *V vermietet eine Maschine an M. M veräußert die Maschine gem. §§ 929 S. 1, 930 BGB zur Sicherheit an die Bank B. B ihrerseits überträgt ihr vermeintliches Eigentum gem. §§ 929 S. 1, 931 BGB an D. V verlangt die Maschine von M heraus.* 427

Lösung:

§ 985 BGB

Formulierungsbeispiel

V könnte gegen M einen Herausgabeanspruch nach § 985 BGB haben. Dazu müsste V Eigentümer der Maschine sein. Ursprünglich war er es. V könnte aber sein Eigentum an B verloren haben. B könnte die Maschine gutgläubig vom Nichteigentümer M (der auch nicht nach § 185 I BGB zur Veräußerung von V ermächtigt war) nach §§ 929 S. 1, 930, 933 BGB erworben haben. Dafür fehlt es aber an einer Übergabe an B gem. § 933 BGB.

Jedoch könnte V sein Eigentum an D verloren haben. Das wäre der Fall, wenn D die Maschine vom Nichteigentümer B nach §§ 929 S. 1, 931, 934 Alt. 1 BGB gutgläubig erworben hätte. Dazu müsste B als Veräußerer mittelbarer Besitzer gewesen sein. B hatte mit M eine Sicherungsabrede geschlossen, kraft derer M für B die Maschine besitzen sollte, so dass ein BMV i.S.d. §§ 930, 868 BGB vorlag. Dieses war auch nicht gem. § 139 BGB nichtig, nur weil die Übereignung zwischen M und B scheiterte. Grund dafür ist, dass die Einigung nicht nichtig, sondern nur erfolglos war und daher die Voraussetzungen des § 139 BGB nicht gegeben sind. Folglich lag ein wirksames BMV vor, kraft dessen B mittelbarer Besitzer war. Demnach wäre ein gutgläubiger Erwerb nach §§ 929 S. 1, 931, 934 Alt. 1 BGB gegeben.

Die Übertragung könnte scheitern, wenn B nur sog. mittelbaren <u>Neben</u>besitz erlangt hat. § 934 Alt. 1 BGB setzt mittelbaren <u>Allein</u>besitz voraus: Der gutgläubige Erwerber muss besitzrechtlich näher an die Sache herankommen als der wahre Eigentümer. Ein Eigentumserwerb des D wäre also ausgeschlossen, wenn B und V als mittelbarer Besitzer gleichstufig nebeneinander standen. Fraglich ist aber, inwieweit die Figur des Nebenbesitzes überhaupt anzuerkennen ist. Der Nebenbesitz wäre der gleichstufige mittelbare Besitz mehrerer Personen. Kein Nebenbesitz wäre dagegen der gestufte mittelbare Besitz i.S.d. § 871 BGB. Im Fall besteht ein solches Stufenverhältnis gerade nicht. M müsste hier gleichzeitig für B und V, und zwar für jeden alleine (kein Mitbesitz) besitzen. Insbesondere müsste er bereit sein, die Sache bei Beendigung des BMV sowohl an B als auch an V herauszugeben. Dies wäre nur bei Mitbesitz (§ 866 BGB) problemlos möglich, was aber gerade nicht der Fall ist. K kann daher nicht beiden den Besitz mitteln. Die h.M. lehnt aus diesem Grund die Figur des Nebenbesitzes ab. Weiteres Argument ist, dass das BGB alle Arten von Besitz in den §§ 854 ff. BGB abschließend geregelt hat.

Eine Mindermeinung bejaht dagegen die Figur des Nebenbesitzes und lehnt eine Übereignung ab, da der gutgläubige Erwerb voraussetze, dass der Erwerber „besitzrechtlich näher an die Sache herankomme als der Eigentümer".

Anders die h.M., die eine Übereignung nach §§ 929 S. 1, 931, 934 Alt. 1 BGB bejaht, da M nur für einen Oberbesitzer (hier B) besitzen kann. Denn durch die Sicherungsübereignung an B hat er zum Ausdruck gebracht, dass er nur noch für B besitzen will.

Folglich hat V nach der h.M. sein Eigentum verloren.

Vertiefung

Lesen Sie dazu Hemmer/Wüst, Sachenrecht II, Rn. 107 und den „Fräsmaschinenfall" in „Die 50 wichtigsten Fälle Sachenrecht I", Fall 37.

V. Die Wirkungen des gutgläubigen Erwerbs

Wirkung: Erwerber wird Volleigentümer

Der gutgläubige Erwerber wird ohne Einschränkung Volleigentümer, wie wenn er vom Berechtigten erworben hätte. 428
Bei einer Weiterveräußerung verfügt er als Berechtigter. Der frühere Eigentümer verliert sein Eigentum ganz und hat gegen den gutgläubigen Erwerber auch keine Ansprüche aus §§ 823, 812 BGB, da das Gesetz dessen Erwerb legitimiert. Ein Anspruch nach § 823 I BGB scheitert deswegen an der Rechtswidrigkeit. § 812 I S. 1 Alt. 2 BGB steht der Vorrang der Leistungsbeziehung zwischen gutgläubigem Erwerber und Nichtberechtigtem entgegen.

Merke: Der gutgläubige Erwerb darf grundsätzlich nicht durch das Delikts- oder Bereicherungsrecht aus den Angeln gehoben werden (Ausnahme: §§ 816 I S. 2, 822 BGB beim unentgeltlichen Erwerb). Das ist gerade einer der Gründe für den Vorrang der Leistungsbeziehung im Bereicherungsrecht!

Grundsatz: Nichtberechtigter wird Eigentümer

Grundsätzlich kann der gutgläubige Erwerber als Berechtigter auch das Eigentum an den früheren Nichtberechtigten 429
wirksam zurückübereignen, so dass dieser Eigentümer wird (**Problem des Rückerwerbs**). Nur in drei Ausnahmefällen kann ein automatischer Rückerwerb an den **ursprünglichen Eigentümer** angenommen werden: Bei von Anfang an geplanter Hin- und Herübereignung, bei Rückgängigmachung des schuldrechtlichen Grundgeschäfts (z.B. Anfechtung) und wenn die Übereignung von vorneherein nur vorläufiger Natur sein sollte (z.B. Sicherungsübereignung). Dieses Ergebnis ist allerdings sehr umstritten.

Vertiefung

Näher dazu Hemmer/Wüst, Sachenrecht II, Rn. 111 ff.

VI. Gutgläubig lastenfreier Erwerb, § 936 BGB

Voraussetzungen des § 936 BGB

<u>Prüfungsschema zum gutgläubig lastenfreien Erwerb nach § 936 BGB:</u> 430

⇨ Erwerb des Eigentums, § 936 I S. 1 BGB
⇨ vom Berechtigten nach §§ 929 – 931 BGB
⇨ vom Nichtberechtigten nach §§ 932 ff. BGB (insb. kein Abhandenkommen i.S.d. § 935 BGB <u>beim Eigentümer</u>)

⇨ Beim Eigentumserwerb in den in § 936 I S. 2, 3 BGB genannten Fällen:
⇨ Rechtsscheintatbestand wie beim Eigentumserwerb vom Nichtberechtigten

⇨ Guter Glaube bzgl. Lastenfreiheit, §§ 936 II, 932 II BGB

⇨ Kein Abhandenkommen i.S.d. § 935 BGB <u>beim Inhaber des Rechts</u>

§ 936 BGB ermöglicht einen gutgläubigen „Wegerwerb“ von Rechten Dritter, die auf der veräußerten Sache lasten, unabhängig davon, ob das Eigentum vom Berechtigten oder Nichtberechtigten erworben worden ist. 431

> ***Bsp. für Rechte Dritter:*** *Anwartschaftsrecht, Faustpfandrecht (§ 1204 BGB), besitzloses Pfandrecht (z.B. Vermieterpfandrecht nach § 562 BGB), Werkunternehmerpfandrecht (§ 647 BGB), Pfändungspfandrecht (§ 804 ZPO).*

§ 936 BGB sowohl bei Erwerb vom Berechtigten als auch vom Nichtberechtigten

§ 936 BGB setzt einen Eigentumserwerb voraus. Dabei muss auch beim Erwerb vom Berechtigten ein Rechtsscheintatbestand vorliegen, aufgrund dessen der Erwerber das Eigentum auch gutgläubig vom Nichtberechtigten hätte erwerben können. Denn bzgl. der Rechte Dritter ist der Eigentümer Nichtberechtigter. Dieser Rechtsscheintatbestand ist beim Erwerb vom Nichtberechtigten schon zum Eigentumserwerb erforderlich, so dass er bzgl. der Lastenfreiheit nicht nochmals geprüft werden muss. Wenn schon das Vollrecht gutgläubig erworben werden kann, so muss dies erst recht für weniger starke Rechte von Dritten gelten. Die Gutgläubigkeit muss sich dabei auf die Lastenfreiheit beziehen. 432

§ 935 BGB gilt auch für das Recht des Dritten, so dass die Sache dem Inhaber des Rechts nicht abhandengekommen sein darf (§ 935 BGB kann daher zwei Mal zu prüfen sein). 433

Beachte § 936 III BGB!

Anmerkung: Beachten Sie § 936 III BGB, wonach ein die Sache besitzender Dritter durch eine Übereignung nach § 931 BGB sein Recht nicht verliert, selbst wenn der Erwerber gutgläubig ist. 434

Vertiefung

Ein anschauliches Fallbeispiel zu § 936 BGB finden Sie in „Die 50 wichtigsten Fälle Sachenrecht I", Fall 42.

VII. Sonderfälle des gutgläubigen Erwerbs

Sonderfälle

Sonderfälle des gutgläubigen Erwerbs: 435

- ⇨ Gutgläubiger Erwerb über einen Erbschein, §§ 2365 ff. BGB
- ⇨ Guter Glaube an die Verfügungsbefugnis, §§ 366 HGB, 1244 BGB
- ⇨ Erwerb in der Zwangsvollstreckung, § 898 ZPO Siehe dazu Hemmer/Wüst, Sachenrecht II, Rn. 123 ff.!

§ 6 Das Anwartschaftsrecht

A. Einführung

I. Begriff und Wesen des Anwartschaftsrechts

Definition: Gesicherte Rechtsposition bei mehrstufigem Erwerbstatbestand

Ein Anwartschaftsrecht liegt vor, wenn von einem mehrstufigen Erwerbstatbestand schon so viele Tatbestandsmerkmale erfüllt sind, dass von einer gesicherten Rechtsposition des Erwerbers gesprochen werden kann, die der Veräußerer nicht mehr einseitig grundlos zerstören kann. 436

Wesensgleiches Minus/Vorstufe zum Vollrecht

Das Anwartschaftsrecht ist eine Vorstufe des Vollrechts und wird als „wesensgleiches Minus“ zum Eigentum betrachtet.

hemmer-Methode: Das Anwartschaftsrecht ist eine zusammenfassende Bezeichnung für die Befugnisse, die einer Person bei einem mehrstufigen Erwerbstatbestand ohnehin nach dem Gesetz zustehen. Leiten Sie also nicht die Rechtsfolgen aus dem Schlagwort Anwartschaftsrecht her, sondern aus dem Gesetz! Man darf von einem Anwartschaftsrecht nur sprechen, wenn und soweit eine gesicherte Position nach dem Gesetz vorliegt.

II. Erscheinungsformen der Anwartschaften

Arten des Anwartschaftsrechts (AWR)

Anwartschaften als Vorstufen subjektiver Rechte können verschiedenartig sein. Klausurrelevant sind aber nur die dinglichen Anwartschaften: Der bedingte Erwerb bei beweglichen Sachen (§ 925 II BGB!), der Grundstückserwerb vor Eintragung und der Erwerb von Grundpfandrechten vor Valutierung (= Auszahlung der Darlehenssumme) oder Briefübergabe. 437

Bedingter Erwerb

Der bedinge Erwerb wird meist in der Gestalt des Eigentumsvorbehalts (aufschiebende Bedingung, § 158 I BGB = vollständige Kaufpreiszahlung), eventuell auch in Form der Sicherungsübereignung (auflösende Bedingung, § 158 II BGB = Rückzahlung des Darlehens) erscheinen. 438

Vertiefung

Zu den übrigen Fällen sei hier auf Hemmer/Wüst, Grundwissen, Sachenrecht II - Immobiliarsachenrecht verwiesen.

B. Das Anwartschaftsrecht des Vorbehaltskäufers

I. Einführung

AWR und Eigentumsvorbehalt (= EV)

Im Folgenden erfolgt ausschließlich eine Darstellung des Anwartschaftsrechts des Vorbehaltskäufers. 439

Dabei wird sowohl das Anwartschaftsrecht als auch der Eigentumsvorbehalt erörtert, da eine Trennung aufgrund der Überschneidungen der beiden Themenkomplexe nicht sinnvoll wäre.

EV: Sicherungsmittel für den Verkäufer

Eine Regelung zum Eigentumsvorbehalt findet sich in § 449 440
BGB. Zweck des Eigentumsvorbehalts ist es, dem Verkäufer (Eigentümer) ein dingliches Sicherungsmittel (Eigentum) neben der Kaufpreisforderung zu verschaffen und gleichzeitig dem Käufer ein Nutzungsrecht und oftmals auch ein Verwertungsrecht an der Sache zu geben. Das Anwartschaftsrecht selbst hat einen wirtschaftlichen Wert, der mit fortschreitender Tilgung der Kaufpreisraten steigt.

II. Begründung des Anwartschaftsrechts

Ein Anwartschaftsrecht entsteht grundsätzlich immer dann, 440a
wenn bei einem mehrstufigen Entstehungstatbestand eines Rechts schon so viele Erfordernisse erfüllt sind, dass der Erwerber eine gesicherte Rechtsposition hat, die der Veräußerer nicht mehr einseitig zerstören kann.

Bei bedingter Übereignung entsteht AWR

Beim Verkauf einer Sache unter Eigentumsvorbehalt wird 441
das Anwartschaftsrecht dadurch begründet, dass der Verkäufer dem Käufer die Kaufsache übergibt und beide sich darüber einig sind, dass das Eigentum erst unter der aufschiebenden Bedingung der vollständigen Kaufpreiszahlung vom Verkäufer auf den Käufer übergeht, vgl. §§ 929 S. 1, 158 I BGB. Bezahlt der Käufer den Kaufpreis, tritt die Bedingung ein und er wird Eigentümer. Da der Eigentumserwerb also lediglich von der Kaufpreiszahlung abhängt, hat der Verkäufer keinen Einfluss mehr auf ihn, der Eigentumsvorbehaltskäufer hat also ein Anwartschaftsrecht.

Ist der Verkäufer nicht der wahre Eigentümer (Scheineigentümer) der Sache, kommt ein gutgläubiger Ersterwerb des Anwartschaftsrechts in Betracht, wenn der Veräußerer nur bedingt Eigentum übertragen will und der Erwerber gutgläubig hinsichtlich des Eigentums ist.

Die Vereinbarung des Eigentumsvorbehalts kann bereits Inhalt des Kaufvertrags sein, so dass der Käufer nur einen Anspruch auf eine bedingte Übereignung hat.

Bis zur Übergabe: einseitige Durchsetzung des EV durch VVK möglich

Sofern eine solche Vereinbarung im Kaufvertrag fehlt, besteht ein Anspruch auf unbedingte Übereignung. Fraglich ist dann, ob der Verkäufer auch bei fehlender Vereinbarung im Kaufvertrag einen Eigentumsvorbehalt einseitig durchsetzen kann. Dabei sind zwei Zeiträume zu unterscheiden: Bis zur Übergabe kann der Verkäufer vertragswidrig erklären, nur bedingt zu übereignen (sog. **nachträglicher vertragswidriger Eigentumsvorbehalt**). Dieses bedingte Einigungsangebot, das ausdrücklich sein und dem Käufer zugehen muss, wird der Käufer i.d.R. annehmen, da er sonst noch nicht einmal das Anwartschaftsrecht erhielte. 442

Nach Übergabe kann der Eigentumsvorbehalt hingegen nicht mehr einseitig durchgesetzt werden, da der Käufer schon unbedingter Eigentümer geworden ist. Folglich bedarf es einer beidseitigen Vereinbarung, wobei die dogmatische Begründung des nachträglichen Eigentumsvorbehalts umstritten ist. Die Rspr. nimmt zwei Übereignungen gem. §§ 929 S. 1, 930 BGB und §§ 929 S. 2, 158 I BGB an, während die h.L. eine Übertragung des um das Anwartschaftsrecht gekürzten, also auflösend bedingten Eigentums genügen lasst (§§ 929 S. 1, 930, 158 II BGB).

EV und AWR nicht akzessorisch

Das durch den Eigentumsvorbehalt entstandene Anwartschaftsrecht ist nicht akzessorisch (abhängig) mit der Kaufpreisforderung nach § 433 II BGB verbunden, so dass diese und das Anwartschaftsrecht isoliert übertragen werden können. Jedoch setzt das Anwartschaftsrecht das (Weiter-) Bestehen einer Schuld (= Forderung) voraus, denn nur dann ist ein Bedingungseintritt und damit der Erwerb des Vollrechts möglich. 443

Vereinbarung eines EV = BMV i.S.v. § 868 BGB

Die Vereinbarung des Eigentumsvorbehalts führt gleichzeitig zu einem Besitzmittlungsverhältnis i.S.d. § 868 BGB zwischen Vorbehaltsverkäufer und Vorbehaltskäufer. Bis zum Bedingungseintritt ist der Vorbehaltskäufer unmittelbarer Fremdbesitzer (= Besitzmittler), der Vorbehaltsverkäufer mittelbarer Eigenbesitzer. Der für § 868 BGB erforderliche Herausgabeanspruch besteht in dem potenziellen Rückgewähranspruch aus § 346 I i.V.m. §§ 323, 449 II BGB. 444

Die bloße Abrede, dass das Eigentum mit vollständiger Kaufpreiszahlung übergehen soll, nennt man einfachen Eigentumsvorbehalt. Es gibt weitere Möglichkeiten des Eigentumsvorbehalts, die unter dem Oberbegriff erweiterter Eigentumsvorbehalt zusammengefasst sind.

Exkurs: Formen des erweiterten Eigentumsvorbehalt

Verlängerter Eigentumsvorbehalt

Verlängerter EV

Der verlängerte Eigentumsvorbehalt ist der praxisrelevanteste und klausurrelevanteste Fall des Eigentumsvorbehalts. Hierbei ermächtigt der Vorbehaltsverkäufer den Vorbehaltskäufer, über die Vorbehaltsware i.R.d. ordnungsgemäßen Geschäftsverkehrs zu verfügen, § 185 I BGB. Im Gegenzug tritt der Vorbehaltskäufer dem Vorbehaltsverkäufer im Voraus die Forderungen aus der Weiterveräußerung ab (§ 398 BGB). Gleichzeitig wird der Vorbehaltskäufer ermächtigt, die Forderungen im eigenen Namen einzuziehen, §§ 362 II, 185 I BGB. Dadurch wird es dem Vorbehaltskäufer ermöglicht, seinen Geschäftsbetrieb reibungslos aufrecht zu erhalten, ohne den Eigentumsvorbehalt offen zu legen. *445*

> **Bsp.:** *Großhändler G veräußert Elektrogeräte unter Eigentumsvorbehalt an Einzelhändler E. G ermächtigt E, die Geräte an seine Kunden weiterzuverkaufen, E tritt seine Kaufpreisforderungen im Voraus an G ab. E darf die Forderungen einziehen.*

Weitergeleiteter Eigentumsvorbehalt

Weitergeleiteter EV

Hier verpflichtet sich der Vorbehaltskäufer, die gekaufte Ware in der Weise weiter zu übereignen, dass der Vorbehaltsverkäufer bis zu seiner Befriedigung Eigentümer bleibt. *446*

Nachgeschalteter Eigentumsvorbehalt

Nachgeschalteter EV

Hier verkauft der Vorbehaltskäufer die Sache seinerseits ohne Offenlegung der Eigentumslage nur unter Eigentumsvorbehalt weiter. Der Vorbehaltsverkäufer verliert sein Eigentum an den Endabnehmer, wenn entweder der Vorbehaltskäufer (dann § 185 II S. 1 Alt. 2 BGB) oder der Endabnehmer zahlt und dieser gutgläubig ist (§§ 929, 932 ff. BGB). *447*

Kontokorrentvorbehalt

Kontokorrentvorbehalt

Der Vorbehaltskäufer wird nicht mit Kaufpreiszahlung, sondern erst mit Begleichung aller Forderungen aus der Geschäftsbeziehung mit dem Vorbehaltsverkäufer Eigentümer. 448

Eine solche Vereinbarung ist zumindest unter Kaufleuten zulässig, sofern Freigabeklauseln vereinbart sind, die eine Übersicherung vermeiden.

Konzernvorbehalt

Konzernvorbehalt, gem. § 449 III BGB nichtig

Hierbei handelt es sich um einen Kontokorrentvorbehalt, bei dem der Käufer zum Eigentumserwerb alle gegen ihn bestehenden Forderungen getilgt haben muss, die zum Konzern des Vorbehaltsverkäufers gehören. Eine solche Vereinbarung ist nach § 449 III BGB nichtig. 449

Exkurs Ende

AWR entsteht auch beim Erwerb vom vermeintlichen Eigentümer: §§ 932 ff. BGB unmittelbar anwendbar

Ein Anwartschaftsrecht entsteht durch die Vereinbarung eines Eigentumsvorbehalts auch dann, wenn der Veräußerer nicht Eigentümer der Sache ist, der Erwerber ihn aber gutgläubig dafür hält und die Sache nicht abhandengekommen ist. Die §§ 932 ff. BGB sind hier direkt anwendbar, da die Übertragung des Eigentums gewollt ist. Gutgläubigkeit muss bis zum Eintritt aller Voraussetzungen des jeweiligen Erwerbstatbestands bis auf den Bedingungseintritt vorliegen. 450

III. Übertragung des Anwartschaftsrechts

hemmer-Methode: Unterscheiden Sie den gutgläubigen Erwerb des Anwartschaftsrechts vom vermeintlichen Eigentümer (sog. Ersterwerb, weil erstmalige Begründung des Rechts) von der Frage, ob ein gutgläubiger Erwerb auch bei einer Übertragung des Anwartschaftsrechts selbst möglich ist (sog. Zweiterwerb).

Übertragung nach §§ 929 ff. BGB analog, nicht nach §§ 398, 413 BGB

Das Anwartschaftsrecht an einer beweglichen Sache wird als wesensgleiches Minus zum Vollrecht Eigentum an einer beweglichen Sache nach den §§ 929 ff. BGB analog übertragen, nicht nach §§ 413, 398 BGB. Nur so wird dem Publizitätsprinzip ausreichend Rechnung getragen. Über das Anwartschaftsrecht kann der Vorbehaltskäufer als Berechtigter verfügen, über das Eigentum aber nur mit Zustimmung des Vorbehaltsverkäufers (§ 185 I BGB) oder als Nichtberechtigter (§§ 932 ff. BGB). 451

Klausurtipp

hemmer-Methode: Trennen Sie in der Fallbearbeitung sauber die Übertragung des Anwartschaftsrechts und die des Eigentums. Eine fehlgeschlagene Eigentumsübertragung lässt sich aber in eine Übertragung des Anwartschaftsrechts auslegen (a.A. umdeuten, § 140 BGB)!

IV. Erwerb des Anwartschaftsrechts vom diesbezüglich Nichtberechtigten

Gutgläubiger Zweiterwerb: AWR selbst Verfügungsobjekt

Hierbei geht es um den Fall, dass das Anwartschaftsrecht selbst Verfügungsobjekt ist (sog. Zweiterwerb) und nicht um den gutgläubigen Erwerb eines Anwartschaftsrechts vom Scheineigentümer (sog. gutgläubiger Ersterwerb, vgl. oben Rn. 441). Der Veräußerer tritt nicht mit der Behauptung auf, er sei Eigentümer, wolle aber das Eigentum nur bedingt übertragen, sondern er gibt sich als Anwartschaftsrechtsinhaber (und damit als Nichteigentümer) zu erkennen und will dieses vermeintlich ihm zustehende Anwartschaftsrecht übertragen. 452

Wenn man die entsprechende Anwendung der §§ 929 ff. BGB auf das Anwartschaftsrecht konsequent umsetzt, so ist ein gutgläubiger Erwerb nach §§ 932 ff. BGB nur logische Folge. Problematisch beim Erwerb des Anwartschaftsrechts vom Nichtberechtigten ist, dass der Erwerber das fehlende Eigentum des Erwerbers kennt, es also am Rechtsschein des Besitzes (§ 1006 BGB) fehlt, der einen gutgläubigen Erwerb legitimieren könnte.

Zu unterscheiden sind zwei Fälle:

1. Das Anwartschaftsrecht existiert nicht

AWR existiert nicht: kein gutgläubiger Erwerb möglich

Hier ist unstreitig kein gutgläubiger Erwerb möglich. Das Bestehen eines Anwartschaftsrechts setzt immer voraus, dass bei Bedingungseintritt ein Erstarken zum Vollrecht möglich ist. Hieran fehlt es aber z.B., wenn eine offene Kaufpreisforderung (und damit ein Anwartschaftsrecht) überhaupt nicht existiert. Hier wird die schuldrechtliche Abhängigkeit des Anwartschaftsrechts deutlich. 453

> ***Bsp.:*** *V hat L einen Traktor geliehen. L verkauft und übereignet diesen an D mit der Behauptung, er habe den Traktor unter Eigentumsvorbehalt von W gekauft.*

Formulierungsbeispiel

D könnte ein Anwartschaftsrecht nach §§ 929, 932 ff. BGB analog erworben haben, da L nicht Anwartschaftsberechtigter war (deshalb §§ 929 ff. BGB analog) und Übertragungsgegenstand nicht das Eigentum (dann §§ 929 ff. bzw. 932 ff. BGB direkt), sondern das Anwartschaftsrecht war. Ein Anwartschaftsrecht verlangt aber das Bestehen einer erfüllbaren Schuld, die mit Bedingungseintritt zum Vollrecht erstarken kann. Hier lag aber nur ein Leihvertrag zwischen V und L vor, bei dem keine Bedingung vereinbart wurde, die zum Bedingungseintritt führen kann. Folglich konnte D kein Anwartschaftsrecht erwerben.

2. Das Anwartschaftsrecht existiert

AWR existiert, daher h.M.: §§ 932 ff. BGB analog, wenn Erwerber gutgläubig

Steht das Anwartschaftsrecht zwar nicht dem Veräußerer, aber einem Dritten tatsächlich zu, so bejaht die h.M. einen gutgläubigen Zweiterwerb unter Anwendung der §§ 932 ff. BGB analog, wenn der Erwerber hinsichtlich der Berechtigung des Veräußerers gutgläubig war. Begründet wird die Analogie mit der Wesensgleichheit des Anwartschaftsrechts mit dem Eigentum. Geschützt wird aber nur die Gutgläubigkeit bzgl. der Existenz des Anwartschaftsrechts, nicht bzgl. des obligatorischen Teils des Anwartschaftsrechts. 454

A.A.: kein gutgläubiger Erwerb, da Rechtsschein des Besitzes zerstört

Die Gegenansicht verneint einen gutgläubigen Zweiterwerb des Anwartschaftsrechts, auch wenn dieses beim Dritten tatsächlich besteht. Begründet wird dies vor allem damit, dass der Veräußerer durch die Offenlegung der Tatsache, dass er nicht Eigentümer, sondern nur Anwartschaftsberechtigter sei, den Rechtsschein des Besitzes (§ 1006 BGB) selbst zerstört habe und das Vertrauen auf das „Gerede" des Verkäufers nicht schutzwürdig sei. 455

Fall

Bsp.: *V verkauft K unter Eigentumsvorbehalt ein Fahrrad. K verleiht es an F weiter. F verkauft und veräußert dieses an D mit der Behauptung, er sei Anwartschaftsberechtigter und habe bereits 250 € von 300 € abbezahlt. Tatsächlich hatte K an V erst 100 € gezahlt. Ist D Inhaber des Anwartschaftsrechts?* 456

Formulierungsbeispiel

D könnte ein Anwartschaftsrecht von F gem. §§ 929 ff. BGB analog erworben haben. Ein Anwartschaftsrecht stand aber nur K und nicht F zu, so dass F Nichtberechtigter hinsichtlich des Anwartschaftsrechts des K ist. Folglich kommt nur ein gutgläubiger Zweiterwerb des Anwartschaftsrechts nach §§ 932 ff. BGB analog in Betracht.

Ein gutgläubiger Erwerb des Anwartschaftsrechts ist nur denkbar, wenn es auch tatsächlich bestand, da ansonsten die ihm zugrunde liegende Bedingung nicht eintreten kann (sog. schuldrechtliche Abhängigkeit des Anwartschaftsrechts).

Zwischen V und K bestand eine wirksame Forderung nach § 433 II BGB, so dass der Bedingungseintritt möglich ist. Die h.M. bejaht in dieser Konstellation einen gutgläubigen Zweiterwerb und wendet die §§ 932 ff. BGB analog an.

Begründet wird dies damit, dass die Übertragung des Anwartschaftsrechts im BGB nicht geregelt sei, daher eine planwidrige Regelungslücke vorliege und das Anwartschaftsrecht als wesengleiches Minus zum Vollrecht Eigentum mit diesem vergleichbar sei. Die Gegenauffassung verneint einen gutgläubigen Zweiterwerb, da der Veräußerer durch seine Behauptung, nicht Eigentümer zu sein, den Rechtsschein des Besitzes zerstört habe.

Im Ergebnis ist der h.M. zu folgen, da das Anwartschaftsrecht hinsichtlich der Übertragung wie das Vollrecht zu behandeln ist. Somit hat D das Anwartschaftsrecht gutgläubig nach §§ 932 ff. BGB analog erworben. Der Wert des Anwartschaftsrechts bestimmt sich nach der tatsächlich gezahlten Summe (100 €) und nicht nach dem von F behaupteten Wert (250 €), auch wenn D gutgläubig war, da die Gutgläubigkeit nur bzgl. der Existenz und nicht bzgl. der Höhe geschützt wird.

Vertiefung

Siehe dazu ausführlich „Die 50 wichtigsten Fälle Sachenrecht I", Fall 44.

V. Schutz des Anwartschaftsrechts

1. Schutz vor Zwischenverfügungen des Vorbehaltsverkäufers

Schutz des Vorbehaltskäufers gegen Verfügungen des Verkäufers

Der Vorbehaltsverkäufer bleibt bis zur vollständigen Kaufpreiszahlung Berechtigter und kann daher nach §§ 929 ff. BGB verfügen. Der Vorbehaltskäufer wird aber über § 161 I S. 1 BGB geschützt. Danach werden in der Schwebezeit getroffene Zwischenverfügungen mit Eintritt der Bedingung insoweit unwirksam, als sie die von der Bedingung abhängige Wirkung vereiteln oder beeinträchtigen würden. Mit Bedingungseintritt wird also der Vorbehaltskäufer Eigentümer. Der Dritte verliert das durch die Zwischenverfügung erworbene Eigentum. 457

hemmer-Methode: Im Grundstücksrecht erfüllt die Vormerkung denselben Zweck, jedoch mit unterschiedlicher Durchsetzung (vgl. §§ 883 II, 888 BGB), da die Auflassung bedingungsfeindlich ist (§ 925 II BGB).

Beachte § 161 III BGB: gutgläubiger Erwerb möglich

Nach § 161 III BGB ist ein gutgläubiger Erwerb des Dritten entsprechend §§ 932 ff. BGB möglich, wenn er gutgläubig hinsichtlich der Tatsache ist, dass zuvor über die Sache nicht bedingt verfügt worden ist. **458**

Jedoch erlischt das Anwartschaftsrecht gem. §§ 161 III, 936 III BGB nicht, wenn der Vorbehaltskäufer im Besitz der Sache ist, die nach §§ 929 S. 1, 931 BGB veräußert wurde.

> ***Bsp.:*** *V übereignet an K eine Maschine unter Eigentumsvorbehalt und übergibt K die Maschine. Später veräußert er dieselbe Maschine nach §§ 929 S. 1, 930 BGB an den gutgläubigen X, dem V erzählt, er habe die Maschine nur für kurze Zeit verliehen. K zahlt die letzte Kaufpreisrate. Wer ist Eigentümer?*

Formulierungsbeispiel

X könnte von V nach §§ 929 S. 1, 930 BGB Eigentum an der Maschine erworben haben. V hat sich mit X geeinigt und ein Besitzmittlungsverhältnis i.S.d. § 868 BGB geschlossen. Zu diesem Zeitpunkt war V auch noch Berechtigter, da der vereinbarte Eigentumsvorbehalt seine Verfügungsbefugnis unberührt lässt. X ist also Eigentümer geworden.

X könnte aber dadurch sein Eigentum wieder verloren haben, dass K die letzte Kaufpreisrate an V bezahlt hat. Denn V hat K die Maschine wirksam unter Eigentumsvorbehalt übereignet (§§ 929 S. 1, 158 I BGB), so dass K ein Anwartschaftsrecht hatte, das mit Bedingungseintritt (= Kaufpreiszahlung) zum Eigentum erstarkte. Nach § 161 I S. 1 BGB wird mit Bedingungseintritt die Übereignung an X unwirksam.

Allerdings finden zugunsten des X nach § 161 III BGB die Vorschriften über den gutgläubigen Erwerb entsprechende Anwendung, so dass X das Anwartschaftsrecht des K gutgläubig „wegerworben“ haben könnte. Dafür müssten die Voraussetzungen des § 936 BGB vorliegen. X war gutgläubig i.S.d. §§ 936 II, 932 II BGB. Nach § 936 I S. 1, S. 3 BGB müsste X aber auch Besitz an der Maschine erlangt haben. Um einen Rechtsschein zu rechtfertigen, darf beim Veräußerer V kein Besitzrest zurückbleiben.

Zwar wurde X mittelbarer Besitzer zweiter Stufe (§ 871 BGB), da K dem V und V wiederum dem X den Besitz mittelte. Da V aber ebenfalls mittelbarer Besitzer blieb, hat er seinen Besitz nicht vollständig aufgegeben, so dass die Voraussetzungen des § 936 I S. 3 BGB nicht vollständig vorliegen.

Mit Zahlung der letzten Kaufpreisrate wurde also K Eigentümer, das Anwartschaftsrecht erstarkte zum Vollrecht.

Merke: § 160 I BGB gibt dem Vorbehaltskäufer aber einen Schadensersatzanspruch.

Klausurtipp

Bei Übereignung nach § 931 BGB wird der Anwartschaftsberechtigte zudem über § 936 III BGB geschützt. Kommentieren Sie sich (soweit zulässig) § 936 III BGB an § 161 III BGB.

2. Schutz beim Herausgabeverlangen des Vorbehaltsverkäufers

a) Schutz des Vorbehaltskäufers

§ 986 I S. 1 BGB: Recht zum Besitz aus Kaufvertrag

Der Vorbehaltskäufer kann dem Anspruch des Vorbehaltsverkäufers aus § 985 BGB ein obligatorisches Recht zum Besitz gem. § 986 I S. 1 BGB aus dem Kaufvertrag entgegenhalten. 459

Bei Veräußerung nach §§ 929 S. 1, 931 BGB: § 986 II BGB

Dieses wirkt gem. § 986 II BGB auch gegenüber einem Dritten, der die Sache gem. §§ 929 S. 1, 931 BGB vom Vorbehaltsverkäufer erlangt hat. 460

> ***Bsp.:*** *Veräußert V eine Maschine unter Eigentumsvorbehalt an K und dann noch vor Zahlung der letzten Rate an D gem. §§ 929 S. 1, 931 BGB, so kann K dem D gem. § 986 II BGB sein Recht zum Besitz aus dem Kaufvertrag, das grundsätzlich nur gegenüber V wirkt, entgegenhalten.*

Merke: § 986 II BGB gilt analog bei einer Veräußerung gem. §§ 929 S. 1, 930 BGB. Denn wie im Fall des § 931 BGB hat auch hier der Besitzer keinen Einfluss auf die Eigentumsübertragung und ist deswegen schutzwürdig.

b) Schutz des Anwartschaftsrechtserwerbers

Bei Drittbesitz: AWR als Recht zum Besitz

Sofern ein Dritter vom Vorbehaltskäufer das Anwartschaftsrecht erwirbt (§§ 929 ff. BGB analog), besteht zwischen Drittem und Eigentümer keine schuldrechtliche Rechtsbeziehung und daher auch kein schuldrechtliches Besitzrecht. Auch § 986 II BGB greift nicht, da dieser einen Wechsel des Eigentümers und nicht des Anwartschaftsberechtigten regelt. Daher stellt sich die Frage, ob das Anwartschaftsrecht selbst ein dingliches (absolutes) Besitzrecht darstellt. 461

H.L. (+)

Die h.L. bejaht dies. Denn dem Anwartschaftsberechtigten wurde mit der Besitzübergabe das im Eigentum enthaltene Recht auf Besitz und Nutzung bereits übertragen. 462

Rspr.: Besitzrecht (-), aber § 242 BGB

Die Rspr. und Teile der Lit. verneinen dagegen ein dingliches Besitzrecht aus dem Anwartschaftsrecht, da der Anwartschaftsberechtigte eben noch kein Eigentümer und daher kein Inhaber eines dinglichen Rechts ist. 463

Der BGH wendet aber § 242 BGB an, wenn die Zahlung der letzten Rate unmittelbar bevorsteht (sog. „dolo agit"-Einrede: Treuwidrig handelt, wer eine Leistung fordert, die er sofort wieder zurückgeben muss).

M.M.: differenzierend

Z.T. wird vertreten, dass der Dritte das obligatorische Besitzrecht aus dem Kaufvertrag erwirbt, sofern der Vorbehaltskäufer zur Übertragung des Anwartschaftsrechts gegenüber dem Vorbehaltsverkäufer berechtigt war. 464

Formulierungsbeispiel

Bsp.: *E übereignet der Bank B seine Maschine zur Sicherheit nach §§ 929 S. 1, 930 BGB. Danach veräußert und übergibt E die Maschine unter Eigentumsvorbehalt an den gutgläubigen K. Kann B von K Herausgabe nach § 985 BGB verlangen?* 465

Die B ist Eigentümerin der Maschine, K ist Besitzer. Der gutgläubige K hat von E aber nach §§ 929 S. 1, 932 BGB analog ein Anwartschaftsrecht erworben (sog. gutgläubiger Ersterwerb). Fraglich ist, ob K vor Bedingungseintritt ein Recht zum Besitz nach § 986 BGB zusteht.

Ein schuldrechtliches Recht zwischen B und K besteht mangels Rechtsbeziehungen nicht. Auch § 986 II BGB ist nicht anwendbar, da kein Eigentümerwechsel, sondern lediglich ein Besitzwechsel stattgefunden hat. Damit kommt es darauf an, ob das Anwartschaftsrecht des K diesem ein dingliches (also absolutes, d.h. gegenüber jedermann wirkendes) Recht verleiht. Die h.L. bejaht dies aufgrund der Wesensgleichheit des Anwartschaftsrechts mit dem Eigentum. Die Rspr. lehnt diese Lösung dagegen ab, da das Anwartschaftsrecht nur die Vorstufe zum dinglichen Vollrecht bilde. Sie wendet jedoch § 242 BGB als Einwendung gegen den Anspruch aus § 985 BGB an, wenn die Zahlung der letzten Kaufpreisrate unmittelbar bevorsteht, da B dem K die Maschine dann sofort (ebenfalls nach § 985 BGB) zurückgeben müsste.

Merke: Beachten Sie, dass sich diese Streitfrage nicht schon aus dem Gesetz beantworten lässt. Hier müssen Sie mit Wesen und Funktion des Anwartschaftsrechts argumentieren.

3. Schutz des Anwartschaftserwerbers vor nachträglicher Erweiterung des Eigentumsvorbehalts

Problem: Nachträgliche Erweiterung des EV

Klausurrelevant ist auch die Frage nach dem Schutz des Anwartschaftserwerbers, wenn Vorbehaltsverkäufer und Vorbehaltskäufer nach Übertragung des Anwartschaftsrechts auf einen Dritten den Eigentumsvorbehalt erweitern. 466

Umstritten ist, ob eine solche Erweiterung zu Lasten des Dritten möglich ist, obwohl der Vorbehaltskäufer nicht mehr Anwartschaftsberechtigter ist.

> ***Bsp.:*** *E veräußert seine Maschine an K unter Eigentumsvorbehalt. Danach veräußert K das Anwartschaftsrecht an B. Später vereinbaren V und K, dass die Bedingung erst mit Begleichung sämtlicher Geschäftsverbindlichkeiten des V gegen K eintreten soll. K zahlt den Kaufpreis, kann aber nicht mehr alle Forderungen des V begleichen. Wer ist Eigentümer der Maschine?*

E.A.: (+), weil direkte Abhängigkeit von schuldrechtl. Grundgeschäft

Eine Ansicht bejaht eine solche nachträgliche Erweiterung des Eigentumsvorbehalts aufgrund der Abhängigkeit des Anwartschaftsrechts vom schuldrechtlichen Grundgeschäft. 467

> *Danach wäre die Bedingung noch nicht mit Kaufpreiszahlung eingetreten, V bliebe Eigentümer.*

A.A.: (-), weil AWR abstrakt

Eine a.A. verneint die Zulässigkeit einer solchen Abrede, da das Anwartschaftsrecht als wesensgleiches Minus zum Eigentum eine gesicherte dingliche Rechtsposition darstelle, die ohne Zutun des Anwartschaftsberechtigten diesem nicht entzogen werden könne. Eine andere Lösung käme einem **Vertrag zu Lasten Dritter** gleich, der im BGB **unzulässig** ist. 468

> *Nach dieser Meinung wäre B mit Kaufpreiszahlung Eigentümer geworden.*

H.M.: differenzierend, daher nur (+), wenn sich vertragsimmanentes Risiko verwirklicht hat

Der BGH und die h.L. vertreten eine differenzierende Lösung: Danach hat nur jedes dem Eigentumsvorbehalt zugrunde liegenden Vertrag immanente Risiko (z.B. Anfechtung oder Rücktritt wegen Mangel) auch Auswirkungen auf das Anwartschaftsrecht. Vorbehaltsverkäufer und Vorbehaltskäufer können aber nicht mehr willkürlich auf das Grundgeschäft und damit auch auf das Anwartschaftsrecht einwirken, da der Vorbehaltskäufer die Rechtszuständigkeit verloren habe (Rechtsgedanke des § 162 BGB). 469

Nach der h.M. wäre im Ausgangsfall die nachträgliche Erweiterung des Eigentumsvorbehalts unzulässig, so dass B mit Zahlung der letzten Rate Eigentümer geworden wäre.

Vertiefung

Siehe dazu Fall 43 in „Die 50 wichtigsten Fälle Sachenrecht I".

4. Schutz gegenüber Eingriffen Dritter

a) Besitzschutz

Besitzschutz des AWR über §§ 861, 862, 1007 BGB

Der Anwartschaftsberechtigte hat als Besitzer die Besitzschutzansprüche nach §§ 861, 862, 1007 BGB. 470

Als mittelbarer Besitzer kann auch der Vorbehaltsverkäufer diese Ansprüche (auch § 1007 BGB) gem. § 869 S. 1 BGB (Eigentumsvorbehalt = BMV i.S.d. § 868 BGB) geltend machen, muss aber gem. § 869 S. 2 BGB grundsätzlich Herausgabe an den Vorbehaltskäufer verlangen.

b) Deliktsrechtlicher Besitzschutz

Bzgl. Beschädigung: Schutz des AWR nach §§ 823 ff. BGB

Bei Beschädigung einer Vorbehaltssache durch einen Dritten kann der Vorbehaltskäufer als Besitzer nicht nur den Schaden, der sich aus der Entziehung des Besitzes und der Nutzungen ergibt, nach § 823 I BGB verlangen. 471

Vielmehr stellt das Anwartschaftsrecht nach ganz h.M. ein sonstiges Recht i.S.d. § 823 I BGB dar, aufgrund dessen der Vorbehaltskäufer auch Ersatz des Substanzschadens verlangen kann. Grund dafür ist die Wesensgleichheit mit dem absoluten Recht Eigentum. Je näher der Bedingungseintritt rückt, desto wertvoller wird das Anwartschaftsrecht.

Leistung an Verkäufer und Käufer: §§ 432, 1281 BGB

Fraglich ist, an wen der Schädiger zu zahlen hat, wenn sowohl der Vorbehaltsverkäufer als Eigentümer als auch der Vorbehaltskäufer Ersatz des Substanzschadens verlangen. Die h.M. wendet als Interessenausgleich §§ 432, 1281 BGB analog an, so dass der Schuldner an beide gemeinschaftlich zu leisten hat. Eine a.A. wendet § 428 BGB analog an, so dass der Schädiger nach seiner Wahl an eine der beiden Parteien befreiend leisten kann. 472

Zudem kann dem Anwartschaftsberechtigten neben § 985 BGB analog auch ein deliktischer Herausgabeanspruch nach § 823 i.V.m. § 249 I BGB zustehen.

c) §§ 812 ff. BGB

Schutz auch durch Bereicherungsrecht

Die §§ 812 ff. BGB schützen auch den Anwartschaftsberechtigten. Auf konkurrierende Ansprüche von Vorbehaltsverkäufer und -käufer sind die §§ 432, 1281 BGB analog anzuwenden. 473

d) §§ 985 ff., 1004 BGB

§§ 985 ff., 1004 BGB

Nach h.M. werden sowohl der Vorbehaltskäufer als Anwartschaftsinhaber als auch der Vorbehaltsverkäufer als Eigentümer über die §§ 985 ff., 1004 BGB geschützt. § 986 I S. 2 BGB regelt die Konkurrenz beim Herausgabeanspruch. Bzgl. der Schadensersatzansprüche gelten wiederum die §§ 432, 1281 BGB analog. 474

VI. Die Verjährung der Kaufpreisforderung

Problem: § 985 BGB auch nach Verjährung der Kaufpreisforderung?

Der Vorbehaltsverkäufer kann die Sache auch nach Verjährung der Kaufpreisforderung wegen § 216 II S. 2 BGB vom Vorbehaltskäufer nach § 985 BGB herausverlangen. Die dingliche Sicherheit soll nämlich auch dann noch verwertet werden können, wenn die zu sichernde Forderung verjährt ist. 475

(+), wegen § 216 II S. 2 BGB

Dem Vorbehaltskäufer, der die Kaufpreiszahlung wegen Verjährung verweigert, steht aus dem Kaufvertrag auch kein Besitzrecht mehr zu, das er dem Vorbehaltsverkäufer nach § 986 I BGB entgegenhalten könnte. Die Berufung auf ein Besitzrecht bei gleichzeitiger Zahlungsverweigerung stellt vielmehr ein widersprüchliches Verhalten dar, das dem Käufer nicht gestattet werden kann. 476

Vertiefung

Die wichtigsten Grundlagen des Anwartschaftsrechts haben Sie jetzt kennengelernt. Zur Vertiefung lesen Sie in Hemmer/Wüst, Sachenrecht II, Rn. 127 ff. Dort werden auch in den Rn. 177 ff. spezielle Einzelprobleme zum Anwartschaftsrecht behandelt, wie z.B. das Pfandrecht am Anwartschaftsrecht oder das Anwartschaftsrecht in der Zwangsvollstreckung.

§ 7 Das Pfandrecht an beweglichen Sachen und Rechten

A. Einführung

I. Arten der Pfandrechte

Verschiedene Pfandrechtsarten

Es sind **drei verschiedene Arten von Pfandrechten** hinsichtlich ihrer Entstehung zu unterscheiden: 477

- ⇨ das **vertragliche** Pfandrecht (sog. Faustpfandrecht), das durch rechtsgeschäftliche Bestellung (Verpfändung) entsteht
- ⇨ das **gesetzliche** Pfandrecht, das ohne rechtsgeschäftliche Erklärungen durch Einbringung (z.B. Vermieterpfandrecht, § 562 BGB) bzw. aufgrund von Besitz (z.B. beim Werkunternehmerpfandrecht, § 647 BGB) entsteht
- ⇨ das **Pfändungs**pfandrecht, das bei beweglichen Sachen im Falle der Zwangsvollstreckung aufgrund der Pfändung durch den Gerichtsvollzieher nach den §§ 803 ff. ZPO entsteht.

Sind gesetzliche Pfandrechte bzw. das Pfändungspfandrecht einmal entstanden, finden aufgrund der Verweisungsvorschriften des § 1257 BGB und § 804 II ZPO weitgehend die Regeln über das vertragliche Pfandrecht Anwendung.

Anmerkung: Beachten Sie die unterschiedliche Terminologie bei den verschiedenen Pfandrechten: Bei einer Bestellung eines vertraglichen Pfandrechts nach § 1205 BGB **ver**pfändet der Eigentümer die Sache. In der Zwangsvollstreckung (Pfändungspfandrecht) wird dagegen nicht verpfändet, sondern **ge**pfändet bzw. die Vollstreckungsgläubiger lassen durch den Gerichtsvollzieher pfänden.

II. Begriff/Wesen des Pfandrechts

Definition: § 1204 I BGB

Das vertragliche Pfandrecht wird in § 1204 BGB legaldefiniert. Daraus lassen sich zwei wesentliche Aspekte für das Pfandrecht ableiten: 478

- ⇨ Der Eigentümer haftet nur mit dem durch das Pfandrecht belasteten Gegenstand. Er ist als solcher nicht verpflichtet, den Gläubiger im Wege einer Zahlung zu befriedigen. Der Gläubiger hat also keinen Zahlungsanspruch aus dem Pfandrecht.

⇨ Das Pfandrecht ist akzessorisch, d.h. es ist nur ein unselbständiges Anhängsel zur Forderung. Dies ergibt sich aus § 1204 I BGB: „Zur Sicherung einer Forderung".

hemmer-Methode: Der erste Punkt ergibt sich aus der Natur des Pfandrechts als dingliches Sicherungsmittel. Im Gegensatz zu den sog. persönlichen Sicherungsmitteln, z.B. einer Bürgschaft, bei denen der Sicherungsgeber persönlich mit seinem ganzen Vermögen haftet, haftet der Sicherungsgeber bei dinglichen Sicherungsmitteln nur mit der sichernden Sache.

Akzessorietät

Konsequenz dieser Akzessorietät ist, dass auf der Aktivseite Inhaber der Forderung (= Gläubiger) und Inhaber des Pfandrechts (= Pfandrechtsgläubiger) nie auseinander fallen. *479*

Auf der Passivseite ist dagegen Personenidentität nicht erforderlich, so dass Sie immer zwischen dem Schuldner der Forderung (= persönlicher Schuldner) und dem Inhaber des Pfandrechtsgegenstands (= Eigentümer), der i.d.R. mit dem Pfandrechtsbesteller (= Verpfänder) zusammenfällt, trennen müssen. Oftmals wird aber auch Personenidentität auf der Passivseite vorliegen.

Pfandrecht = dingliches Recht zum Besitz

Das Pfandrecht als dingliches Verwertungs- und Sicherungsrecht gewährt seinem Inhaber ein gegenüber jedermann wirkendes, dingliches Recht zum Besitz. Konsequenterweise besteht dann z.B. auch keine Vindikationslage gegenüber dem Eigentümer. *480*

B. Das vertragliche Pfandrecht an beweglichen Sachen

I. Entstehung

Voraussetzungen einer Pfandrechtsbestellung

Voraussetzungen einer Pfandrechtsbestellung: *481*

⇨ Einigung, § 1205 I S. 1 BGB

⇨ Übergabe, § 1205 I S. 1 BGB (bei § 1205 I S. 2 BGB entbehrlich; bei §§ 1205 II, 1206 BGB durch Surrogat)

⇨ zu sichernde Forderung (§ 1204 BGB; Akzessorietät!)

⇨ Berechtigung und Verfügungsbefugnis des Bestellers (ansonsten ggf. § 1207 BGB)

hemmer-Methode: Den Vorschriften über die Pfandrechtsbestellung liegt dieselbe Konzeption zugrunde wie den §§ 929 ff. BGB. Die Ausführungen dazu gelten daher entsprechend. Im Folgenden werden vor allem die wichtigsten Abweichungen dargestellt.

1. Einigung

Einigung: abstrakt dinglicher Vertrag

Die Einigung i.S.d. § 1205 I S. 1 BGB ist (wie auch bei § 929 S. 1 BGB) ein abstrakt dinglicher Vertrag, der formlos wirksam ist und inhaltlich darauf abzielt, dem Gläubiger an der Sache ein Pfandrecht zu verschaffen. 482

Dem Pfandrechtsgläubiger wird also ein Teil der Eigentümerbefugnisse, das Verwertungsrecht, übertragen. Deshalb spricht man auch von Teilveräußerung.

2. Übergabe und deren Surrogate

Publizität erforderlich

Die zur Wahrung des sachenrechtlichen Publizitätsgrundsatzes nötige Übergabe und ihre Surrogate sind bei den §§ 1205 f. BGB parallel zu den Übereignungstatbeständen konstruiert. Beim Erwerb vom Nichtberechtigten wird sogar auf einzelne Vorschriften der §§ 932 ff. BGB direkt verwiesen (§ 1207 BGB). 483

§ 1205 I S. 1 BGB als Grundtatbestand erfordert die Übergabe der Sache. Wie bei § 929 S. 1 BGB genügt der Erwerb mittelbaren Besitzes, wenn sich der Sicherungsgeber vollständig von jedem Besitzrest trennt. § 1205 I S. 2 BGB entspricht § 929 S. 2 BGB. Jedoch ist eine **Verpfändung durch Vereinbarung eines Besitzkonstituts** wie bei § 930 BGB **nicht vorgesehen**, da die Publizität hier strenger ist als bei der Übereignung.

hemmer-Methode: Konsequenz dieser erhöhten Anforderungen für das Pfandrecht ist, dass in der Praxis die Sicherungsübereignung gem. §§ 929, 930 BGB dem Faustpfandrecht vorgezogen wird. Dem Sicherungsnehmer wird mit dem Eigentum ein „Mehr“ an Rechtsmacht eingeräumt, als an sich erforderlich wäre. Dafür bleibt das Sicherungsgut für den Sicherungsgeber weiterhin wirtschaftlich nutzbar, da er unmittelbarer Besitzer bleibt.

§ 1205 II BGB

§ 1205 II BGB entspricht § 931 BGB, verlangt aber neben der Abtretung des Herausgabeanspruchs eine Abtretungsanzeige an den Besitzer, und dass der Verpfänder mittelbarer Besitzer der Sache ist. Auch hier werden also an die Publizität wieder strengere Anforderungen als bei § 931 BGB gestellt. 484

§ 1206 BGB: Mitbesitz

Gem. § 1206 BGB genügt für die Pfandrechtsbestellung die Einräumung von qualifiziertem Mitbesitz. Mitverschluss meint dabei, dass Sicherungsgeber und Sicherungsnehmer nur gemeinsam auf die Sache zugreifen können.

3. Existenz der zu sichernden Forderung

Akzessorietät

Als streng akzessorisches Recht setzt das Pfandrecht das Bestehen der zu sichernden Forderung voraus. 485

hemmer-Methode: Die zu sichernde Forderung ist nicht der Rechtsgrund für den dinglichen Bestellungsakt des Pfandrechts. Vielmehr existiert stets eine schuldrechtliche Abrede, in der sich der Schuldner zur Bestellung des Pfandrechts verpflichtet.

Ist die zu sichernde Forderung nichtig, besteht aber ein Kondiktionsanspruch, so ist fraglich, ob das Pfandrecht auch diesen sichert.

> **Bsp.:** *Die Bank B gewährt X ein Darlehen, das dieser in 2 Jahren zurückzahlen soll. Zur Sicherung des Rückzahlungsanspruchs (§ 488 I S. 2 BGB) bestellt X der B ein Pfandrecht an seinem Auto.*
>
> Stellt sich später heraus, dass der Darlehensvertrag z.B. gem. § 138 I BGB wegen sittenwidrigem Zinssatz unwirksam war, kann B von X die Darlehenssumme nach § 812 I S. 1 Alt. 1 BGB kondizieren. Fraglich ist dann, ob auch dieser Anspruch durch das Pfandrecht gesichert ist. Letztendlich ist das eine Frage der Auslegung der Parteivereinbarung. Dabei ist auch zu beachten, dass der Kondiktionsanspruch - anders als der Darlehensrückzahlungsanspruch aus § 488 I S. 2 BGB - sofort fällig ist, was auch eine sofortige Verwertung des Pfandgegenstandes rechtfertigen würde!

Zahlungsanspruch

Nach § 1228 II S. 2 BGB muss die zu sichernde Forderung eine Geldforderung sein oder zumindest in eine solche übergehen können. Nach § 1204 II BGB kann auch für eine künftige oder bedingte Forderung ein Pfandrecht bestellt werden, wobei das Pfandrecht schon mit der Bestellung und nicht erst mit Entstehung der Forderung begründet wird. 486

Denn ein Pfandrecht an der eigenen Sache wie §§ 1163 I S. 1, 1177 I S. 1 BGB kennen die §§ 1204 ff. BGB nicht.

4. Berechtigung bzw. gutgläubiger Erwerb

Berechtigter ist i.d.R. der Eigentümer (bzw. § 185 I BGB)

Berechtigter i.S.d. §§ 1205, 1206 BGB ist regelmäßig der Eigentümer oder wer mit dessen Ermächtigung nach § 185 I BGB handelt, wobei auch die übrigen Fälle des § 185 II BGB Anwendung finden. 487

§ 1207 BGB: §§ 932, 934, 935 BGB anwendbar

Ist der Verpfänder weder Berechtigter noch durch § 185 BGB legitimiert, so hilft dem Erwerber nur noch seine Gutgläubigkeit. § 1207 BGB erklärt die §§ 932, 934, 935 BGB für anwendbar. Die §§ 933, 934 Alt. 1 BGB sind dagegen wegen der zu „schwachen" Publizität nicht erfasst. Da der gutgläubige Pfandrechtsgläubiger schon ausreichend geschützt ist, wenn sein Pfandrecht den Vorrang genießt (§ 1208 BGB ermöglicht den gutgläubigen Erwerb des Vorrangs), war eine Verweisung auf § 936 BGB nicht nötig. 488

Merke: Der gute Glaube überwindet nur die fehlende Berechtigung des Veräußerers, nicht aber das Nichtbestehen einer Forderung.

II. Übertragung des Pfandrechts

Übergang des Pfandrechts mit Abtretung der Forderung

Das Pfandrecht ist – wie alle akzessorischen Sicherheiten – nie selbst Gegenstand der Übertragung, sondern geht automatisch mit über, wenn die zu sichernde Forderung abgetreten wird, §§ 1250 I, 401 I BGB. Die Abtretung der Forderung ist gem. § 398 BGB formlos möglich. Die Übergabe der Pfandsache ist keine Voraussetzung für die Übertragung. 489

Der Abtretungsempfänger kann aber nach § 1251 I BGB Herausgabe der Sache verlangen.

Wenn bei Abtretung der Forderung der Übergang des Pfandrechts ausgeschlossen wird, so erlischt dieses gem. § 1250 II BGB.

Kein gutgläubiger Zweiterwerb

Ein gutgläubiger Zweiterwerb ist beim Pfandrecht nicht möglich. Besteht die abgetretene Forderung nicht, erwirbt der Zessionar auch dann kein (forderungsentkleidetes) Pfandrecht, wenn ihm die Sache übergeben wurde, da eine dem § 1138 BGB entsprechende Vorschrift bei den Pfandrechtsregelungen fehlt. 490

War die Pfandrechtsbestellung unwirksam, so ist ein gutgläubiger Zweiterwerb ebenfalls nicht möglich, weil ein entsprechender Rechtsschein wegen der formlosen Abtretung nicht vorliegt.

Anders ist dies bei der Hypothek wegen § 1154 BGB.

Beispielsfall

Abschließender Beispielsfall zum gutgläubigen Erst- und Zweiterwerb beim Pfandrecht: *S schuldet G 100 €. Zur Sicherung der Forderung bestellt er G ein Pfandrecht an seiner Uhr und übergibt ihm diese. Darauf tritt G seine Forderung gegen S an Z ab.* 491

Ist Z Pfandrechtsinhaber, wenn sich S die Uhr nur geliehen hat?

Formulierungsbeispiel

Z könnte ein Faustpfandrecht nach §§ 1204 ff. BGB erworben haben. In Betracht kommt mangels vertraglicher Beziehungen zwischen S und Z nur ein Zweiterwerb (Übertragung des Pfandrechts) des Z von G. Wird eine Forderung nach § 398 BGB abgetreten, die durch ein Pfandrecht gesichert ist, geht nach §§ 401 I, 1250 I S. 1 BGB das Pfandrecht mit über. G hat die Forderung gegen S gem. § 398 BGB an Z abgetreten, so dass die zu sichernde Forderung übertragen worden ist. Nach §§ 401, I, 1250 I S. 1 BGB geht dann das Pfandrecht kraft Gesetzes mit der Forderung (Akzessorietät) auf den Forderungsinhaber über. Dazu müsste aber überhaupt ein Pfandrecht zugunsten des G nach § 1205 BGB bestellt worden sein. S könnte dem G ein Pfandrecht an der Uhr bestellt haben. Einigung, Übergabe sowie eine Forderung lagen vor. Jedoch war S nicht Eigentümer und damit Nichtberechtigter, so dass § 1205 BGB ausscheidet. G könnte aber nach §§ 1205 I S. 1, 1207, 932 BGB gutgläubig ein Pfandrecht vom Nichtberechtigten S erworben haben. Die Voraussetzungen des § 1205 I S. 1 BGB liegen bis auf die Berechtigung von S vor. Nach §§ 1207, 932 I S. 1, II BGB müsste G auch gutgläubig hinsichtlich des Eigentums des S gewesen sein. Da die Sachverhaltsangaben nicht auf eine Bösgläubigkeit schließen lassen, ist von einer Gutgläubigkeit des G auszugehen. Die Sache ist auch nicht dem wahren Eigentümer abhandengekommen, § 935 I BGB.

Folglich ist zugunsten des G gem. §§ 1205 I S. 1, 1207, 932 BGB ein Pfandrecht entstanden. Dieses hat er wirksam auf Z übertragen, so dass Z Inhaber des Pfandrechts ist.

Abwandlung 1: *Hat Z ein Pfandrecht erworben, wenn die Forderung des G gegen S gar nicht besteht?*

Der Zweiterwerb des Pfandrechts erfordert gem. §§ 401 I, 1250 I S. 1 BGB die Abtretung der zu sichernden Forderung nach § 398 BGB. Eine Forderung lag aber gerade nicht vor. Da das BGB - abgesehen von wenigen Ausnahmen - einen gutgläubigen Forderungserwerb nicht kennt, hat Z keine Forderung gegen S erworben. Die Voraussetzungen des § 1250 I S. 1 BGB sind nicht gegeben.

hemmer-Methode: Der gutgläubige Forderungserwerb ist nach dem BGB deswegen grundsätzlich nicht möglich, weil ein entsprechender Rechtsscheinträger fehlt. § 405 BGB und § 2366 BGB erlauben dagegen ausnahmsweise einen gutgläubigen Forderungserwerb. Das rechtfertigt sich aus dem Rechtsschein der vorgelegten Urkunde bzw. des Erbscheins.

Auch ein gutgläubiger Zweiterwerb eines forderungsentkleideten Pfandrechts scheidet aus, da eine dem § 1138 BGB vergleichbare Vorschrift bei den §§ 1204 ff. BGB fehlt.

Abwandlung 2: *Wie ist es, wenn die Forderung besteht, aber das Pfandrecht nicht wirksam bestellt wurde?*

Die Abtretung der Forderung ist wirksam gem. § 398 BGB, so dass Z Forderungsinhaber geworden ist.

Das Pfandrecht konnte aber nicht gem. §§ 401 I, 1250 I BGB kraft Gesetzes mit der Forderung auf Z übergehen, weil es nicht bestand. Auch ein gutgläubiger Zweiterwerb des Pfandrechts scheidet aus, da die formlose Abtretung keinen für einen gutgläubigen Erwerb erforderlichen Rechtsschein erzeugt.

Z ist nicht Inhaber eines Pfandrechts geworden.

Vertiefung

Lesen Sie dazu Fall 45 in „Die 50 wichtigsten Fälle Sachenrecht I".

III. Rechtsverhältnisse zwischen den Beteiligten

Rechtsverhältnisse unter den Beteiligten

Zwischen den verschiedenen Beteiligten bestehen unterschiedliche Rechtsbeziehungen, für die jeweils andere Normen einschlägig sind. Dabei ist auf der Aktivseite immer Personenidentität gegeben, d.h. Forderungs- und Pfandrechtsinhaber sind immer dieselbe Person. 492

Dagegen sind auf der Passivseite bis zu drei verschiedene Personen denkbar: Persönlicher Schuldner (= Forderungsschuldner), Verpfänder (= Besteller des Pfandrechts) und ggf. (der vom Verpfänder verschiedene) Eigentümer des Pfandrechtsgegenstands.

Vertiefung

Merke: Dem Gläubiger stehen verschiedene Ansprüche zu. Zum einen hat er einen Anspruch auf Erfüllung der Forderung. Das Pfandrecht gewährt darüber hinaus einen Anspruch auf Befriedigung aus der Sache.
Eine Darstellung der unterschiedlichen Rechtsverhältnisse im Detail kann dieses Skript nicht leisten, deshalb sei auf das Skript Sachenrecht II, Rn. 215 ff. verwiesen.

IV. Verwertung des Pfandrechts

Verwertung durch Pfandverkauf

Die Verwertung des Pfandrechts erfolgt in der Form des Pfandverkaufs nach §§ 1228 ff. BGB. 493

Vertiefung

Eine umfassende Darstellung zur Verwertung des Pfandrechts finden Sie in Hemmer/Wüst, Sachenrecht II, Rn. 219 ff.

C. Gesetzliches Pfandrecht an beweglichen Sachen

Verweisung des § 1257 BGB

Geregelt wird das gesetzliche Pfandrecht an beweglichen Sachen nur in § 1257 BGB. § 1257 BGB erklärt die Vorschriften über das durch Rechtsgeschäft bestellte Pfandrecht auf ein kraft Gesetzes entstandenes Pfandrecht für entsprechend anwendbar. 494

Problem: Gutgläubiger Erwerb eines gesetzlichen Pfandrechts?

Einzige klausurrelevante Streitfrage zum gesetzlichen Pfandrecht ist, ob ein gutgläubiger Erwerb möglich ist. 495

(-) bei besitzlosen Pfandrechten

Bei besitzlosen Pfandrechten ist dies unstreitig nicht möglich, da es für einen Rechtsschein keinen Anhaltspunkt gibt.

Str. bei § 647 BGB, aber h.M. (-)

Umstritten ist der gutgläubige Erwerb aber bei gesetzlichen Pfandrechten, bei denen der Gläubiger im Besitz der Sache ist (v.a. Werkunternehmerpfandrecht nach § 647 BGB). Zum Teil wird unter Hinweis auf § 366 III HGB ein gutgläubiger Erwerb zugelassen. 496

Die h.M. dagegen verneint dies. Gegen einen gutgläubigen Erwerb spricht, dass § 1257 BGB nach seinem Wortlaut nur auf Vorschriften über ein bereits bestelltes (= entstandenes) Pfandrecht verweist. Dass zur Entstehung des Pfandrechts die Übergabe der Sache erforderlich ist, rechtfertige keine andere Beurteilung, da die Besitzübergabe nicht zum Zwecke der Verfügung über das Eigentum erfolge und ihr damit nicht die gleiche Legitimationswirkung wie bei § 1207 BGB zukomme.

§ 366 III HGB stellt demnach eine nicht verallgemeinerungsfähige Ausnahmevorschrift dar.

Vertiefung

Zu dieser Problematik sollten Sie Fall 47 in „Die 50 wichtigsten Fälle Sachenrecht I“ lesen.

D. Pfandrecht an Rechten

§ 1273 I BGB: Pfandrecht an einem Recht

Gem. § 1273 I BGB kann auch ein Recht Gegenstand eines Pfandrechts sein. Über § 1273 II BGB gelten die Vorschriften über das Pfandrecht an beweglichen Sachen, sofern die §§ 1274 ff. BGB keine Sonderregelungen enthalten. Zu beachten sind auch die Sondervorschriften für die Verpfändung von Forderungen gem. §§ 1279 ff. BGB. 497

§ 1274 I BGB: Übertragungsvorschriften maßgebend

Die Bestellung eines Pfandrechts an einem Recht richtet sich gem. § 1274 I BGB nach den Vorschriften für die Übertragung des Rechts. Für die Verpfändung einer Forderung ist neben der formlosen dinglichen Einigung über die Verpfändung entsprechend §§ 1274 I, 398 BGB die Anzeige an den Schuldner erforderlich, vgl. §§ 1279, 1280 BGB. 498

hemmer-Methode: Auch hier gilt wieder eine strengere Publizität im Vergleich zu den §§ 398 ff. BGB, so dass in der Praxis dieses Erschwernis mit der Sicherungszession umgangen wird.

Gutgläubiger Erwerb

Ein gutgläubiger Erwerb ist bei der Bestellung des Pfandrechts grundsätzlich möglich, sofern das belastete Recht seinerseits gutgläubig erworben werden kann. Insofern kommt ein gutgläubiger Erwerb z.B. bei Grundpfandrechten in Betracht. 499

Übertragung: §§ 1273 II, 1250 I, 398 BGB

Die Übertragung eines Pfandrechts an einem Recht erfolgt gem. §§ 1273 II, 1250 BGB automatisch mit der Übertragung (= Abtretung, § 398 BGB) der gesicherten Forderung. 500

Verwertung: § 1277 BGB

Die Verwertung eines Pfandrechts an einem Recht, das keine Forderungen darstellt (z.B. dingliche Rechte, Anwartschaftsrecht etc.), richtet sich nach § 1277 BGB, die Verwertung eines Pfandrechts an einer Forderung nach §§ 1281 f. BGB. 501

Vertiefung

Lesen Sie zum vertraglichen Pfandrecht an Rechten Fall 46 in „Die 50 wichtigsten Fälle Sachenrecht I“.

§ 8 Die Sicherungsübereignung

A. Einführung

Keine Verpfändung durch Besitzkonstitut

Die Sicherungsübereignung ist im BGB nicht explizit geregelt und eine Reaktion der Praxis auf die strengen Publizitätserfordernisse des Faustpfandrechts. Eine Verpfändung durch Vereinbarung eines Besitzkonstituts sieht das Gesetz nämlich nicht vor. 502

Bei der Sicherungsübereignung übereignet der Sicherungsgeber die Sache an den Sicherungsnehmer. Will der Sicherungsgeber die Sache aber weiterhin nutzen, wird ein Weg gewählt, bei dem er im Besitz der Sache bleibt: Das Sicherungsgut wird nach §§ 929 S. 1, 930 BGB übereignet.

Schuldrechtlich liegt der Sicherungsübereignung die sog. Sicherungsabrede (Sicherungsvertrag, §§ 311, 241 BGB, ausdrücklich oder auch konkludent) zugrunde. Diese Sicherungsabrede stellt gleichzeitig das Besitzmittlungsverhältnis i.S.d. § 930 BGB dar.

hemmer-Methode: Die Sicherungsübereignung ist nicht in § 930 BGB geregelt, jeder der vier Tatbestände der §§ 929–931 BGB kann gewählt werden. Allerdings entspricht die Übereignung nach §§ 929 S. 1, 930 BGB am besten den Interessen der Parteien und wird daher am häufigsten gewählt.

Treuhänderische Bindung des Eigentums

Der Gläubiger erhält bei einer Sicherungsübereignung nach außen hin rechtlich mehr (Eigentum), als nach dem Innenverhältnis an sich erforderlich wäre (Pfandrecht). Dieses „Mehr" an Rechtsmacht wird durch die treuhänderische Bindung des Eigentums durch die Sicherungsabrede aufgefangen. 503

Man bezeichnet die Sicherungsübereignung als eine fiduziarische (= treuhänderische) Sicherheit.

Regelfall: unbedingte Übereignung

Regelfall ist die unbedingte Übereignung mit einem schuldrechtlichen Rückübertragungsanspruch aus der Sicherungsabrede. Daher kann der Sicherungsnehmer (= Gläubiger der gesicherten Forderung) auch wirksam als Berechtigter verfügen. Selbst § 161 BGB schützt den Sicherungsgeber nicht, wenn das Eigentum unbedingt an den Sicherungsnehmer übertragen wurde. 504

Der Sicherungsgeber kann aber bei treuwidriger Verfügung (d.h. vor Fälligkeit der Forderung) wegen Verletzung der Sicherungsabrede einen Schadensersatzanspruch geltend machen.

Sicherungsübereignung gewohnheitsrechtlich anerkannt

Die Sicherungsübereignung ist inzwischen auch gewohnheitsrechtlich anerkannt und keine unzulässige Umgehung der Vorschriften über das vertragliche Pfandrecht. 505

B. Besonderheiten bei der Übereignung

Im Folgenden sollen nur die Besonderheiten der Übereignungstatbestände dargestellt werden, die sich aus einer Übereignung zur Sicherheit ergeben können. 506

I. Die Einigung

Sicherungseigentum nicht akzessorisch, aber Ersatzakzessorietät möglich

Die Sicherungsübereignung ist von der Grundkonzeption her eine nicht akzessorische Sicherheit. Der Sicherungsnehmer wird also auch dann Eigentümer, wenn die zu sichernde Forderung nicht entsteht. Im Falle des Erlöschens der Forderung behält er das Eigentum. 507

Eine „Ersatzakzessorietät" kann aber dadurch erreicht werden, dass i.R. der dinglichen Einigung eine auflösende Bedingung i.S.d. § 158 II BGB vereinbart wird. Die Existenz der Forderung ist dann Bedingung für den Erwerb des Sicherungseigentums, mit Schuldtilgung fällt dieses automatisch an den Sicherungsgeber zurück. Vor Bedingungseintritt besteht dann zugunsten des Sicherungsgebers ein Anwartschaftsrecht.

Wie bereits oben erwähnt ist aber die unbedingte Übereignung der Regelfall, da sie für den Sicherungsnehmer aufgrund der erforderlichen Mitwirkungshandlung bei der Rückübereignung die größere Sicherheit bietet. Im Zweifel ist daher von einer unbedingten Übereignung auszugehen. 508

II. Bestimmtheitsgrundsatz

Bestimmtheitsgrundsatz!

Im Rahmen der Sicherungsübereignung ist oft problematisch, ob der Bestimmtheitsgrundsatz gewahrt wurde. Denn oftmals werden Sachen zur Sicherheit übereignet, die der Sicherungsgeber erst in Zukunft erhalten wird. Man spricht dann von einer antizipierten Sicherungsübereignung. 509

Erkennbarkeit für Dritten, der Kenntnis von der Sicherungsabrede hat

Der Bestimmtheitsgrundsatz verlangt daher, dass anhand äußerer Abgrenzungskriterien für jeden Dritten, der Kenntnis von der Sicherungsabrede hat, eindeutig erkennbar ist, welche Sachen von der Sicherungsübereignung erfasst sind und welche nicht. Dabei muss sich die Zugehörigkeit aus dem Vertrag ergeben. Außerhalb des Vertrages liegende Umstände sind unbeachtlich. 510

> **Bsp.:** *Die Übereignung des gesamten Warenlagers stellt keinen Verstoß gegen das Bestimmtheitsgebot dar, da eindeutig ist, welche Waren übereignet werden, nämlich alle innerhalb des Warenlagers.*
>
> Die Übereignung aller Waren bis auf die, an denen ein Anwartschaftsrecht besteht, stellt einen Verstoß gegen das Bestimmtheitsgebot dar, weil sich hier nur anhand der offenen Rechnungen (Umstände außerhalb des Vertrages) feststellen lässt, welche Waren übereignet wurden.

Raumsicherungs- und Markierungsverträge

Die Sicherungsübereignung von Warenlagern wird regelmäßig in der Form von Raumsichersicherungsverträgen (= die zu übereignenden Waren befinden sich in bestimmten Räumen) oder Markierungsverträgen (= die zu übereignenden Waren weisen eine besondere Kennzeichnung auf) durchgeführt. 511

Ausführungshandlung

Oft ist bei einer antizipierten Sicherungsübereignung eine Ausführungshandlung notwendig, z.B. dass die Sachen in einen bestimmten Raum zu bringen oder besonders zu kennzeichnen sind. 512

Maßgebender Zeitpunkt für die Bestimmtheit ist die Vollendung des Übereignungstatbestands. 513

III. Besitzmittlungsverhältnis

Sicherungsabrede als BMV i.S.v. § 868 BGB.

Bei der Sicherungsübereignung nach §§ 929 S. 1, 930 BGB bedarf es eines hinreichend konkreten Besitzmittlungsverhältnisses i.S.v. § 868 BGB. Der bloße Wille, für einen anderen zu besitzen, reicht dafür nicht aus. Die ganz h.M. sieht aber in der Sicherungsabrede ein hinreichend konkretes Besitzmittlungsverhältnis, wenn sich aus ihr ergibt, dass der Sicherungsgeber solange zum Besitz berechtigt sein soll, bis der Sicherungsnehmer die Sache zur Befriedigung seiner Forderung herausverlangt. 514

C. Die Sicherungsabrede

Sicherungsvertrag ist causa der Sicherungsübereignung

Die Sicherungsabrede (auch Sicherungsvertrag genannt) ist ein schuldrechtlicher Vertrag, der die Rechte und Pflichten von Sicherungsnehmer und Sicherungsgeber im Innenverhältnis festlegt. Die Abrede ist der Rechtsgrund (= causa) der dinglichen Sicherungsübereignung und nicht die zu sichernde Forderung (i.d.R. Rückzahlungsanspruch aus Darlehen, § 488 I S. 2 BGB). 515

Unterscheiden Sie zwischen dem dinglichem Rechtsgeschäft der Sicherungsübereignung (i.d.R. nach §§ 929 S. 1, 930 BGB) und den zwei verschiedenen Verpflichtungsgeschäften: Sicherungsvertrag und Vertrag, aus dem sich die zu sichernde Forderung ergibt (regelmäßig Darlehensvertrag, § 488 BGB).

Sicherungsabrede bewirkt treuhänderische Bindung des Sicherungsnehmers

Die Sicherungsabrede bewirkt die treuhänderische Bindung des Eigentums in der Hand des Sicherungsnehmers. Inhaltlich begründet der Sicherungsvertrag die Verpflichtung zur Sicherungsübereignung, legt die zu sichernde Forderung fest und trifft Regelungen bzgl. der Verwaltung, Verwertung und Rückübertragung des Sicherungsguts. Bei der Übereignung von Warenlagern wird regelmäßig auch eine Ermächtigung zur Weiterveräußerung im ordnungsgemäßen Geschäftsverkehr (§ 185 I BGB) enthalten sein. 516

Tritt dafür der Sicherungsgeber seine Forderungen aus der Weiterveräußerung im Voraus an den Sicherungsnehmer ab, so liegt eine sog. „verlängerte" Sicherungsübereignung vor. Das entspricht der Konstruktion des verlängerten Eigentumsvorbehalts.

Exkurs: Verstoß gegen § 138 I BGB und § 307 I, II BGB

Gefahr: Verstoß gegen § 138 I BGB bzw. § 307 I, II BGB

Die fiduziarischen Sicherheiten führen aufgrund des im Außenverhältnis gewährten „Mehr" an Rechtsmacht, als es der Sicherungszweck erfordert, zu der Frage, ob gegen § 138 I BGB bzw. § 307 I, II BGB verstoßen wurde. § 307 BGB stellt dabei strengere Anforderungen, gilt aber nur für die Kontrolle allgemeiner Geschäftsbedingungen. 517

Bei Verstoß gegen § 138 I BGB regelmäßig auch Übereignung unwirksam (Fehleridentität)

Eine Nichtigkeit der Sicherungsabrede würde wegen Fehleridentität i.d.R. auch die Übereignung scheitern lassen . Dies liegt daran, dass die Sicherungsabrede das für § 930 BGB maßgebliche Besitzmittlungsverhältnis (§ 868 BGB) darstellt und die Nichtigkeit zum Fehlen eines (zumindest potenziellen) Herausgabeanspruchs führt. 518

Für die Annahme einer Fehleridentität spricht auch, dass ansonsten aufgrund der nichtigen Sicherungsabrede der Sicherungsnehmer in seiner Rechtsmacht ungebunden wäre und daher besser als bei einem wirksamen Sicherungsvertrag stünde.

Ein Rechtsgeschäft ist nach § 138 I BGB nichtig, wenn es gegen das Anstandsgefühl aller billig und gerecht Denkenden verstößt. Eine Klausel ist nach § 307 I, II BGB unwirksam, wenn sie den Vertragspartner des Verwenders in unangemessener Weise benachteiligt. 519

Problem der Übersicherung

Bei der Sicherungsübereignung stellt sich nun das Problem, ob aufgrund einer Übersicherung des Sicherungsnehmers die Sicherungsabrede nach § 138 I BGB bzw. § 307 I, II BGB nichtig ist. Dabei ist zu beachten, dass vom Ergebnis bei dieser Streitfrage auf eine Differenzierung zwischen § 138 I BGB und § 307 I, II BGB weitgehend verzichtet wird. Zu beachten ist lediglich, dass § 138 I BGB eine am Einzelfall orientierte Betrachtung gebietet, während § 307 I, II BGB auf eine generalisierende Betrachtung abstellt. 520

Definition Übersicherung

Eine Übersicherung liegt vor, wenn der Wert der sicherungsübereigneten Sachen den Wert der zu sichernden Forderung nicht nur deckt, sondern erheblich übersteigt. Die Frage, wann ein solches Missverhältnis vorliegt und welche Rechtsfolgen dann eintreten, ist umstritten. 521

Freigabeklauseln bei nachträglicher Übersicherung

Dabei ist zwischen nachträglicher und anfänglicher Übersicherung zu unterscheiden. Nachträgliche Übersicherung meint Übersicherung nach Vertragsschluss aufgrund später eintretender Umstände, also vor allem aufgrund teilweiser Erfüllung der zu sichernden Forderung. Diesbezüglich werden von der Rspr. sog. Freigabeklauseln verlangt, um die Sittenwidrigkeit zu vermeiden. 522

Dabei handelt es sich um eine schuldrechtliche Freigabeklausel, wenn einen Anspruch des Sicherungsgebers gegen den Sicherungsnehmer begründet werden soll, nicht mehr benötigte Sicherheiten zurückzugeben. Um eine dingliche Freigabeklausel handelt es sich dann, wenn die Sicherungsübereignung auflösend bedingt ist, § 158 II BGB.

Zur Durchsetzung der Freigabeklausel bedarf es einer Deckungsgrenze, die einen Betrag festlegt, bis zu dem die gesicherte Forderung (i.d.R. Darlehen) durch den Wert der Sicherheiten (z.B. Waren im Warenlager) gedeckt sein darf.

Dabei müssen die Parteien auch eine Bezugsgröße (z.B. Einkaufspreis einer Ware) vereinbaren, um den Wert der Sicherheiten und damit auch, ob eine Überschreitung der Deckungsgrenze gegeben ist, zu ermitteln.

Die Voraussetzungen für eine wirksame Freigabeklausel waren Gegenstand zahlreicher Entscheidungen des BGH.

Rspr. früher: bei Verstoß Sicherungsübereignung unwirksam

Die frühere Rspr. forderte grundsätzlich ermessensunabhängige Freigabeklauseln und darüber hinaus die Festlegung von bestimmten Deckungsgrenzen und festen Bezugsgrößen. Genügten die getroffenen Vereinbarungen diesen Anforderungen nicht, so war nicht bloß die einzelne Freigabeklausel, sondern die gesamte Sicherungsabrede sowie die Sicherungsübereignung unwirksam (Totalnichtigkeit). Dies galt sogar dann, wenn der Fall der Übersicherung tatsächlich niemals eingetreten war, da maßgeblicher Zeitpunkt für die Beurteilung der Wirksamkeit der Klausel nur die Übereignung sein kann. 523

Kritik an Rspr.

Diese Rspr. ist auf heftige Kritik gestoßen, da die Totalnichtigkeit häufig nicht den Interessen der Parteien entspricht und ausschließlich den ungesicherten Gläubigern zugutekommt. 524

Rspr.: explizite Freigabeklauseln bei Singularsicherheiten nicht erforderlich

1994 hat der BGH seine Rspr. erstmals eingeschränkt und eine explizite Freigabeklausel nur bei Sicherungsübereignungen von Sachgesamtheiten mit wechselndem Bestand (Globalsicherheiten) verlangt, da gerade dort der Sicherungsgeber die Lage nicht mehr überschauen könne. Keine Freigabeklauseln mussten daher bei Sicherungsübereignungen von Einzelgegenständen (Singularsicherheiten) verwendet werden, da dort keine Gefahr der Übersicherung wegen der Überschaubarkeit drohe. 525

Freigabeklauseln aus §§ 133, 157, 242 BGB

Bei Singularsicherheiten stand dann dem Sicherungsgeber auch ohne explizite Freigabeklausel ein Freigabeanspruch bzgl. des Sicherungsguts aus ergänzender Vertragsauslegung und dem Gebot von Treu und Glauben zu (§§ 133, 157, 242 BGB). Dies gilt sogar dann, wenn eine Freigabe ausdrücklich ausgeschlossen ist. 526

Problem: Existenz eines allgemeinen Freigabeanspruchs?

Diese Rechtsprechung wurde durch den Großen Senat des BGH auch auf Globalsicherheiten ausgedehnt. Auch bei Globalsicherheiten sind jetzt keine expliziten Freigabeklauseln für eine wirksame Sicherungsabrede notwendig. Es existiert ein allgemeiner Freigabeanspruch des Sicherungsgebers. 527

Dabei ist die Deckungsgrenze grundsätzlich bei 100 % der Forderung. Allerdings ergibt sich ein zehnprozentiger Aufschlag aus den Kosten der Verwertung des Sicherungsguts (110 % - Grenze), bezogen auf den realisierbaren Wert der Forderungen, sofern dieser im Vertrag festgestellt wird.

Fehlt eine derartige Festlegung geht die h.M. davon aus, dass der Sicherungsnehmer dann übersichert ist, wenn bei der Nennwert der Sicherheiten 150 % der gesicherten Forderung übersteigt (Rechtsgedanke des § 237 S. 1 BGB).

> **Bsp.:** *Es wird eine Forderung von 100.000 € abgesichert. Die zur Sicherheit abgetretenen Forderungen haben einen Nennwert von 200.000 €; aufgrund der geringen Solvenz der Schuldner werden die Forderungen im Sicherungsvertrag aber nur mit 110.000 € bewertet, da nur dieser Betrag realisierbar erscheint. Hier ist die Bank nicht übersichert, weil der Aufschlag von 10 % gerade noch akzeptabel ist. Würde eine Bewertung der Forderungen im Sicherungsvertrag jedoch fehlen, wäre eine Übersicherung anzunehmen, da sich die 150 % am Nennwert der Forderung orientieren. Der Sicherungsnehmer müsste daher Forderungen im Umfang von 50.000 € freigeben.*

Anfängliche Übersicherung

Beachten Sie aber, dass eine ursprüngliche (= anfängliche) Übersicherung nicht nach diesen Grundsätzen zu beurteilen ist. Eine solche liegt vor, wenn bereits bei Vertragsschluss gewiss ist, dass im noch ungewissen Verwertungsfall ein auffälliges Missverhältnis zwischen realisierbarem Wert der Sicherheit und der gesicherten Forderung bestehen wird. Dabei findet die Vermutung, dass der Sicherungsnehmer bis zu einer Deckungsgrenze von 150 % nicht übersichert ist, keine Anwendung. Hier ist der tatsächlich erzielbare Verwertungserlös maßgeblich. Folglich kann eine anfängliche Übersicherung weiterhin gem. § 138 I BGB zur Nichtigkeit der Sicherungsabrede führen. 528

Vertiefung

Lesen Sie dazu Fall 33 in „Die 50 wichtigsten Fälle Sachenrecht I".

Exkurs Ende

D. Die Verwertung des Sicherungsguts

Verwertung richtet sich nach Sicherungsabrede

Die Verwertung des Sicherungsguts richtet sich grundsätzlich nach der Sicherungsabrede. Die Vorschriften über den Pfandverkauf (§§ 1228 ff. BGB) sind also nicht direkt anwendbar. Es kann zwar in der Sicherungsabrede vereinbart werden, dass die Verwertung nach diesen Vorschriften stattfinden soll, üblich ist das aber nicht. 529

Mit Fälligkeit der gesicherten Forderung steht dem Sicherungsnehmer das Verwertungsrecht zu, er kann dann den Herausgabeanspruch nach § 985 BGB geltend machen. 530

Mit der Geltendmachung des § 985 BGB verliert der Sicherungsgeber sein Recht zum Besitz aus der Sicherungsabrede. Die §§ 987 ff. BGB sind anwendbar.

Soweit der Sicherungsvertrag keine Regelung enthält, kommen als Verwertungsarten der freihändige Verkauf (str.) und der Pfandverkauf analog §§ 1233 ff. BGB in Betracht. Es besteht aber keine Verpflichtung des Sicherungsnehmers, das Sicherungsgut zu verwerten. Er kann stattdessen auch den Sicherungsnehmer auf Zahlung verklagen und anschließend in andere Vermögensgegenstände desselben vollstrecken.

Vertiefung

Auf eine weitergehende Darstellung des Sicherungseigentums wird hier verzichtet. Lesen Sie zur Verwertung des Sicherungsguts bei der Sicherungsübereignung Hemmer/Wüst, Sachenrecht II, Rn. 246 f., sowie zur Problematik des Sicherungseigentums in der Zwangsvollstreckung Rn. 248 ff.

§ 9 Eigentumserwerb durch Gesetz

A. Einführung

Erwerb kraft Gesetzes (originärer Erwerb)

Neben dem rechtsgeschäftlichen Eigentumserwerb, bei welchem der Erwerb von einem Rechtsvorgänger abgeleitet wird (sog. derivativer Erwerb), kann das Eigentum an beweglichen Sachen auch ohne ein darauf gerichtetes Rechtsgeschäft durch Gesetz erworben werden (sog. originärer Erwerb). 531

Übersicht

Übersicht zu den verschiedenen Möglichkeiten eines gesetzlichen Eigentumserwerbs: 532

- ⇨ Ersitzung, §§ 937 –945 BGB
- ⇨ Verbindung/Vermischung/Verarbeitung, §§ 946 – 951 BGB
- ⇨ Eigentumserwerb an Schuldurkunden, § 952 BGB
- ⇨ Erwerb von Erzeugnissen/Bestandteilen, §§ 953 – 957 BGB
- ⇨ Aneignung, §§ 958 – 964 BGB
- ⇨ Fund, §§ 965 – 984 BGB

Besondere Erwerbstatbestände

Daneben führen auch die Universalsukzession gem. § 1922 BGB und die Fälle der dinglichen Surrogation gem. §§ 2019, 1646, 1048 I S. 2, 582a II S. 2 BGB zu einem Eigentumserwerb kraft Gesetzes. 533

Hier sollen nur die wichtigsten Fälle der §§ 946 ff. BGB besprochen werden.

Vertiefung

Eine ausführliche Darstellung findet sich in Hemmer/Wüst, Sachenrecht II, Rn. 252 ff.

B. Verbindung/Vermischung/Verarbeitung, §§ 946 – 951 BGB

I. Verbindung beweglicher Sachen mit einem Grundstück, § 946 BGB

Voraussetzungen des § 946 BGB

Prüfungsschema zu § 946 BGB: 534

- ⇨ Verbindung einer beweglichen Sache mit einem Grundstück
- ⇨ Bewegliche Sache wird wesentlicher Bestandteil, §§ 93 – 95 BGB

Guter Glaube unbeachtlich

Gem. § 93 BGB sind wesentliche Bestandteile solche, die voneinander nicht getrennt werden können, ohne dass der eine oder andere zerstört oder in seinem Wesen verändert wird (Legaldefinition). Wichtigste Aussage des § 93 BGB: **Wesentliche Bestandteile** sind **nicht sonderrechtsfähig**. Nur die Sache selbst kann Gegenstand von Rechten sein. § 946 BGB erweitert den Gedanken des § 93 BGB auf die Verbindung beweglicher Sachen mit einem Grundstück, so dass die verbundene Sache nicht Gegenstand besonderer Rechte sein kann, wenn sie wesentlicher Bestandteil des Grundstücks wird (anders aber die Eigentumswohnung, vgl. WEG). Dabei ist für den Eigentumserwerb der gute Glaube unbeachtlich, da es sich um einen gesetzlichen Erwerbstatbestand handelt.

§ 95 BGB: Scheinbestandteile

Zu beachten ist, dass ein wesentlicher Bestandteil i.S.d. §§ 94, 93 BGB nicht gegeben ist, wenn ein Scheinbestandteil nach § 95 BGB vorliegt. Dieser ist gem. § 95 BGB sonderrechtsfähig und wird nach §§ 929 ff. BGB übertragen. Ein Scheinbestandteil liegt vor, wenn die Sache nur zu einem vorübergehenden Zweck mit dem Grundstück (§ 95 I BGB) oder dem Gebäude (§ 95 II BGB) verbunden worden ist. Vorübergehend ist die Verbindung, wenn die spätere Trennung zum Zeitpunkt der Verbindung beabsichtigt ist oder nach der Natur des Zwecks sicher ist. *535*

Bei einem Einbau durch den Inhaber eines zeitlich beschränkten Nutzungsrechts wird i.d.R. von einem vorübergehenden Zweck der Verbindung auszugehen sein.

> ***Bsp.:*** *Bau einer Gartenlaube durch den Mieter; Grabstein auf einem öffentlichen Friedhofsgelände.*

§ 946 BGB zwingend

§ 946 BGB ist zwingend, so dass seine Rechtsfolge nicht durch Parteivereinbarung abdingbar ist. *534*

Mit dem Eigentumserwerb nach § 946 BGB erlöschen gem. § 949 S. 1 BGB auch die Rechte Dritter an der beweglichen Sache. Die Rechte des Grundstücks erstrecken sich dagegen nun gem. § 949 S. 3 BGB auch auf die wesentlichen Bestandteile.

II. Verbindung mehrerer beweglicher Sachen, § 947 BGB

Voraussetzungen des § 947 BGB

535

Prüfungsschema zu § 947 BGB:

⇨ Verbindung mehrerer beweglicher Sachen

⇨ Zu wesentlichen Bestandteilen, § 93 BGB

Verbindung beweglicher Sachen

Ähnlich wie § 946 BGB regelt § 947 BGB die Verbindung mehrerer beweglicher Sachen. Auch hier gilt wiederum, dass, wenn mehrere bewegliche Sachen so miteinander verbunden werden, dass sie wesentliche Bestandteile einer einheitlichen Sache werden, sie nicht mehr Gegenstand besonderer Rechte sein können, § 93 BGB.

Nach § 947 I BGB entsteht grundsätzlich Miteigentum der früheren Eigentümer der Einzelsachen an der neuen, einheitlichen Sache im Verhältnis des Wertes, den die Sachen im Zeitpunkt der Verbindung hatten. Nach § 947 II BGB entsteht ausnahmsweise Alleineigentum, wenn eine Sache als Hauptsache anzusehen ist. Eine Sache ist als Hauptsache anzusehen, wenn nach der Verkehrsauffassung eine der Sachen für das Wesen des Ganzen von entscheidender Bedeutung ist.

Zwingende Natur

§ 947 BGB ist zwingend und kann nicht durch Parteivereinbarung abbedungen werden. Daher führen sog. Verbindungsklauseln, nach welchen der Verkäufer der Sache auch nach Verbindung Eigentümer an den nun wesentlichen Bestandteilen bleiben soll, nicht zu einer Veränderung der Rechtsfolge des § 947 BGB, sondern stellen eine antizipierte Rückübereignung (§§ 929 S. 1, 930 BGB) dar. 536

Rechte Dritter: § 949 BGB

Die Rechte Dritter erlöschen gem. § 949 S. 1 BGB. Entsteht aber Miteigentum nach § 947 I BGB, so setzen sich nach § 949 S. 2 BGB die Rechte Dritter am Anteil fort. Entsteht Alleineigentum, so erstrecken sie sich auf die Hauptsache (§ 949 S. 3 BGB).

Vertiefung

Lesen Sie dazu Fall 48 in „Die 50 wichtigsten Fälle Sachenrecht I“.

III. Vermischung/Vermengung, § 948 BGB

Voraussetzungen des § 948 BGB

537

<u>Prüfungsschema zu § 948 BGB:</u>

- ⇨ Vermischung (Flüssigkeiten/Gase) oder Vermengung (feste Stoffe) beweglicher Sachen
- ⇨ Tatsächliche (§ 948 I BGB) oder wirtschaftliche (§ 948 II BGB) Untrennbarkeit

Vermischung/Vermengung mehrerer beweglicher Sachen

Nach § 948 I BGB gilt § 947 BGB entsprechend, wenn mehrere bewegliche Sachen untrennbar miteinander vermischt (Flüssigkeiten oder Gase) oder vermengt (feste Stoffe) werden. Die Untrennbarkeit kann tatsächlicher (§ 948 I BGB) oder wirtschaftlicher Natur sein (§ 948 II BGB; Trennung ist nur unter unverhältnismäßigen Kosten möglich).

§ 948 BGB auch bei Geld

Die h.M. wendet § 948 BGB auch auf Geldstücke und Geldscheine an, da diese als bewegliche Sachen zu behandeln sind. Dabei ist strittig, ob auch § 947 II BGB über die Verweisung in § 948 BGB Anwendung findet. Die wohl h.M. wendet § 947 II BGB zumindest dann an, wenn ein außergewöhnliches zahlenmäßiges Übergewicht besteht. Nach einem Teil der Literatur soll der Kassenbestand grundsätzlich die Hauptsache sein. Gerade bei Geschäftskassen mit schwankendem Bestand spricht die Praktikabilität für diese Lösung. Das gleiche Problem stellt sich beim Tanken: Ist der Tankinhalt, unabhängig von der Restmenge, Hauptsache im Sinne des § 947 II BGB? Wird dies bejaht, entsteht Alleineigentum am Benzin im Tank. Diese Frage ist auch im Strafrecht von erheblicher Bedeutung (Tanken, ohne zu bezahlen!). 538

Vertiefung

Zu der Problematik „Vermengung bei Geld“ sei auf Fall 49 in „Die 50 wichtigsten Fälle Sachenrecht I“ verwiesen.

Zwingende Norm

§ 948 BGB hat zwingenden Charakter. Die Rechte Dritter richten sich wiederum nach § 949 BGB. 539

IV. Verarbeitung, § 950 BGB

Voraussetzungen des § 950 BGB

540

<u>Prüfungsschema zu § 950 BGB:</u>

- ⇨ Verarbeitung/Umbildung eines oder mehrerer Stoffe
- ⇨ zu einer neuen beweglichen Sache

> ⇨ durch einen Hersteller
>
> ⇨ Wert der Verarbeitung/Umbildung ist nicht erheblich geringer als der Stoffwert

Interessenkonflikt Lieferant/Hersteller

Stellt jemand aus einer fremden Sache eine neue Sache her, löst § 950 BGB den Interessenkonflikt zwischen dem Eigentümer der früheren Sache und dem Hersteller dahingehend, dass grundsätzlich dem Hersteller des neuen Produkts das Eigentum zugewiesen wird.

Als Sondervorschrift geht § 950 BGB den §§ 947 – 949 BGB vor, wird aber von dem spezielleren § 946 BGB verdrängt.

Verarbeitung/Umbildung vom Willen unabhängig

§ 950 BGB setzt eine Verarbeitung oder Umbildung eines oder mehrerer Stoffe voraus, wobei die Verarbeitung wie auch Verbindung und Vermischung einen Realakt und keine rechtsgeschäftliche Verfügung darstellt. Auf die Geschäftsfähigkeit, die Willensrichtung und die Redlichkeit des Verarbeitenden kommt es daher nicht an.

Verarbeitung ist die bestimmungsgemäße Schaffung eines Produkts aus einem Rohstoff. Umbildung ist demgegenüber die Herstellung eines Produkts aus einem bereits bestehenden, anderen Produkt.

Ergebnis der Verarbeitung = neue Sache

Ergebnis der Verarbeitung muss eine neue bewegliche Sache sein. Der Begriff „neue Sache“ bestimmt sich nach der Verkehrsanschauung. Neuheit ist dabei wirtschaftlich zu verstehen. 541

> **Bsp.:** *Bau eines Kfz aus Einzelteilen, nicht aber bloße Reparatur*

Wertdifferenz von Ausgangsstoff und Endsache bedeutsam

Der Wert der Verarbeitung/Umbildung darf nicht erheblich geringer sein als der Wert des Stoffes. Wert ist dabei nicht der tatsächliche Arbeitsaufwand, sondern die Differenz zwischen dem Wert der neuen Sache und dem Wert des Ausgangsstoffes.

Nach der Rspr. ist bei einem Wertverhältnis von 60 zu 100 (60 = Wert der Verarbeitung; 100 = Wert des Ausgangstoffes) von einem erheblich geringeren Wert der Verarbeitung/Umbildung auszugehen, so dass § 950 I BGB nicht gegeben ist.

Hersteller: wirtschaftliche Betrachtung

Der Herstellerbegriff wird wirtschaftlich verstanden, so dass derjenige, in dessen Namen und wirtschaftlichem Interesse die Herstellung nach der Verkehrsanschauung erfolgt, als Hersteller i.S.d. § 950 BGB anzusehen ist. 542

> **Bsp.:** *Wird die Sache in einem Betrieb hergestellt, ist nicht der weisungsgebundene Arbeiter, sondern der Unternehmer Hersteller. Gleiches gilt für den Werkvertrag, so dass der Besteller Hersteller ist. Ansonsten bedürfte es nicht der Sicherung des Werkunternehmers durch § 647 BGB (Werkunternehmerpfandrecht).*

Problem: Rechtsnatur des § 950 BGB?

Eng mit dem Herstellerbegriff verbunden ist die Frage nach der Rechtsnatur des § 950 BGB. Insofern ist umstritten, ob § 950 BGB durch Parteivereinbarung umgangen werden kann. 543

Diese Frage ist relevant für den verlängerten Eigentumsvorbehalt, wenn eine sog. Verarbeitungs- und Herstellerklausel vereinbart ist. Eine solche Klausel bezweckt, den Vorbehaltsverkäufer auch nach der Verarbeitung als Eigentümer zu belassen.

E.A.: § 950 BGB zwingendes Recht

Eine Ansicht sieht sowohl § 950 BGB als auch die §§ 946 ff. BGB als zwingend an (Systematik). Auch der Herstellerbegriff ergibt sich nach dieser Ansicht aus objektiven Kriterien und ist nicht durch Vereinbarungen beeinflussbar. Eine Herstellerklausel wäre dann als eine antizipierte Rückübereignung der neuen Sache anzusehen. Der Hersteller erwirbt dann aber für eine „juristische Sekunde“ Eigentum (sog. Durchgangserwerb). 544

Rspr.: § 950 BGB zwingend, aber Herstellervereinbarung möglich

Auch die Rspr. sieht § 950 BGB grundsätzlich als zwingend an. Allerdings ist sie der Auffassung, dass die Parteien durch Vereinbarung bestimmen könnten, wer Hersteller sein soll. Damit wird § 950 BGB faktisch einer dispositiven Regelung gleichgestellt. Danach führt eine Herstellerklausel zu einem gesetzlichen Erwerb des Vorbehaltsverkäufers ohne Durchgangserwerb des Vorbehaltskäufers.

H.M.: § 950 BGB dispositiv

Die wohl h.M. der Lit. sieht § 950 BGB als dispositiv an, denn § 950 BGB wolle einen Interessenkonflikt zwischen Eigentümer und Hersteller lösen, wenn gerade keine Vereinbarung vorliegt. Eine Parteivereinbarung geht daher dem § 950 BGB vor. 545

§ 950 II BGB: Rechte Dritter

Nach § 950 II BGB erlöschen mit dem Erwerb des Eigentums die an dem Stoff bestehenden Rechte Dritter, wobei fraglich ist, ob das auch für das Anwartschaftsrecht gilt .

Vertiefung

Siehe dazu Hemmer/Wüst, Sachenrecht II, Rn. 278. Eine klausurrelevante Fallgestaltung zu § 950 BGB finden Sie in Fall 50 in „Die 50 wichtigsten Fälle Sachenrecht I".

V. Bereicherungsrechtlicher Ausgleich, § 951 BGB

§ 951 BGB: Rechtsfortwirkungsanspruch zu § 985 BGB

§ 951 BGB ist (wie § 816 BGB) ein sog. Rechtsfortwirkungsanspruch zu § 985 BGB, denn er will den Eigentümer, der durch die §§ 946 ff. BGB einen Eigentumsverlust erlitten hat, für diesen Verlust entschädigen. 546

Rechtsgrundverweisung

Die Verweisung auf das Bereicherungsrecht stellt dabei nach ganz h.M. eine Rechtsgrundverweisung auf die §§ 812 ff. BGB dar, d.h. es müssen alle Voraussetzungen eines Bereicherungsanspruchs erfüllt sein. Umstritten ist, ob die Verweisung nur die Eingriffskondiktion (so h.L.) oder auch die Leistungskondiktion (so Rspr.) umfasst. Diesem Meinungsstreit kommt aber nur dogmatische Bedeutung zu, da auch nach der h.L. die Leistungskondiktion anwendbar ist, nur eben ohne die Verweisung des § 951 I BGB.

§ 951 II BGB

§ 951 II BGB gibt kein eigenes Wegnahmerecht, sondern verweist auf bestehende Wegnahmerechte.

Die Zahlen verweisen auf die Randnummern des Skripts

A

B

D

E

N

P